中国IT产业发展报告

（2015~2016）

李　颖／主编

REPORT ON
THE DEVELOPMENT OF
CHINA'S IT INDUSTRY
IN 2015-2016

人民出版社

鸣　谢

数字中国联合会
工业和信息化部电子科学技术情报研究所
深圳市科技创新委员会

《中国 IT 产业发展报告 (2015～2016)》 编委会

主　　任　吴　鹰　李　颖

成　　员　丁　健　邓中翰　田溯宁　王维嘉　刘二飞
　　　　　　　曾　强　宋立新　王中军　刘钜波

《中国 IT 产业发展报告 (2015～2016)》 编委组

组　　长　尹丽波

副 组 长　邱惠君　黄　鹏

统　　稿　付　伟　孙　璐

成　　员　付　伟　张毅夫　刘　巍　温　源　张金增
　　　　　　　王　帅　张宇泽　辛晓华　周易江　黄　洁
　　　　　　　孙　璐　宋艳飞　李向前　付万琳　修松博
　　　　　　　李德升　陈　杰　李维娜　王波刚　汪礼俊
　　　　　　　李　强　龚巍巍　张　健　左鹏飞

前　言

　　党中央、国务院高度重视 IT 产业发展。2016 年 4 月 19 日，中共中央总书记、国家主席、中央网络安全和信息化领导小组组长习近平同志在北京主持召开网络安全和信息化工作座谈会，并发表重要讲话，对指导我国信息产业发展具有重要意义。国务院也先后出台了《国务院关于促进云计算创新发展培育信息产业新业态的意见》《国务院关于印发〈中国制造 2025〉的通知》《国务院关于积极推进"互联网＋"行动的指导意见》《国务院关于印发促进大数据发展行动纲要的通知》《关于深化制造业与互联网融合发展的指导意见》等多项政策文件，旨在大力发展智能制造、云计算、大数据、互联网等相关产业，以适应经济新常态，推动产业转型升级和融合发展。党的十八届五中全会将网络强国战略、国家大数据战略列入"十三五"规划，为我国 IT 产业的发展和作用的发挥提供了难得的机遇。

　　IT 产业是国民经济的重要组成部分，具有很强的辐射、赋能、带动能力，在经济发展和社会进步过程中发挥着重要的作用。为更好地把握我国 IT 产业发展情况，《中国 IT 产业发展报告（2015～2016）》延续原有框架构建 IT 产业评价体系，且主要围绕 IT 产业供需两侧融合发展和探索构建新 IT 的需要，进一步对 IT 产业评价体系进行优化，既着眼于 IT 产业自身发展，也考虑到 IT 产业与外部环境及其他产业领域的相互作用，力求从内生（产业表现和产业创新）和外生（产业环境和产业辐射）等"两个方面四个维度"构建封闭的评价模型。同时，评价模型和方法参考了世界经济论坛的竞争力评价体系，按照 IT 产业对经济社会的影响，将 IT 产业发展分为要素驱动、效率驱动和创新驱动三个发展阶段。

IT产业发展评价结果显示，中国IT产业发展已经完成了由要素驱动向效率驱动的过渡，目前正在由效率驱动向创新驱动发展。总体而言，2015年中国IT产业发展指数从2014年的61.5上升至65.5，IT产业综合实力持续稳步提升，并加速与其他领域融合发展，IT产业由大向强发展趋势明显，但总体处于全球第二梯队，在产业创新、产业辐射等方面与美国、日本等IT发达国家相比还有较大差距，机遇与挑战并存。产业表现方面，互联网开始成为中国IT产业发展壮大的新引擎，产业结构和区域分布不断优化；产业创新方面，国内的IT骨干企业创新意识不断增强，研发投入持续加大，国内和国际专利申请量逐年增加；产业环境方面，国家出台一系列文件支持产业发展，政策、市场和投融资环境不断向好；产业辐射方面，IT产业的赋能效应不断显现和扩大，IT在带动信息社会发展、支撑制造强国、驱动传统行业和领域转型升级中的重要作用不断凸显。

2015年中国IT产业在众多领域进展显著。集成电路、基础软件、网络安全等基础领域迎来快速发展契机，为IT产业及经济社会发展提供了有力保障；"移、物、云、大、智"等领域多点开花，特色应用不断落地，尤其是云计算已经成为新的信息基础设施；"互联网＋"激发各领域创新创业活力，生产性服务业在融合中向高端迈进。未来IT产业将以"创新、协调、绿色、开放、共享"的新发展理念为指引，加强供给侧结构性改革，引领以分享经济、创新创业、服务创新为代表的经济发展新常态，形成动能接续转换的强劲引擎。5G通信、虚拟现实、增强现实、区块链、脑神经网络、下一代互联网等新兴技术加速与应用领域融合，或将推动产业重组；以无人机、无人驾驶、人工智能为代表的智能科技有望进入规范化生产和应用阶段；消费互联网深度融合，制造业与互联网融合将更加深入，产业互联网时代到来；IT将推动制造业与服务业加速融合，生产性服务业的大力发展将促进产业链价值提升。

前　言

本报告分为三篇，共 17 章，在跟踪 2015 年中国和全球 IT 产业最新进展和热点的基础上，分析产业发展变化的特点，总结产业发展态势和趋势。在报告编写过程中，我们得到了工业和信息化部、深圳市人民政府等相关政府部门的大力支持和众多业界专家的悉心指导，在此表示最诚挚的谢意。

由于时间、条件和水平有限，不足之处恳请批评指正。

李　颖

2016 年 5 月

目 录

第一部分　综述篇

第三部分 专题篇

附录

表目录

序　一

互联网正在深刻地改变着人们的生活，就像前两次工业革命中的蒸汽和电一样；互联网产业的爆发，也正在极大地解放各行各业的生产力；这场由互联网引发的产业革命，正在将人类带入一个万物互联的新时代。

不远的将来，空调、加湿器、空气净化器、电饭煲乃至汽车等，都会变得更加智能，具有计算、存储和网络的模组。而各个智能设备之间，将能够通过智能连接实现管理和控制，从而延伸人类的能力，成为人类生活的管家和工作的助手。

在各行各业都在积极拥抱互联网的当下，整个IT行业的业务模式也在发生着改变。今天的IT产业，正呈现出"硬件+软件+云端"的新型业务模式。其中，硬件是用户进入互联网、享受互联网服务的工具和入口；当越来越多的智能设备出现，越来越多的智能连接发生，越来越多基于智能连接的应用和服务被开发，对IT基础设施和云基础设施的需求也会越来越大。

作为全球智能终端的领导厂商，未来联想所致力的，就是把各种工具和入口打造得更加好用和易用。在为用户提供智能终端设备的同时，联想还要打造更加智能的连接，为用户提供"设备+云服务"完美结合的体验。

互联网在改变IT行业业务模式的同时，也对IT行业未来竞争力的重塑提出了新的要求。互联网将用户和企业直接联系在一起，企业必须立足用户痛点和需求去构建新的商业逻辑，真正以用户为中心。

除此以外，互联网本身也在不断发生着变化。消费互联网已经发展到一定阶段，出现了滴滴和快的、58 同城和赶集网、携程和去哪儿、美团和大众点评等一系列重大合并，垂直领域的基本格局正在形成。

互联网正从单纯的信息传递向价值传递、价值创造演进，互联网自身也在不断升级，并与生产领域融合发展，促进生产组织变革。未来，传统产业与互联网融合发展将是一个大趋势，万物互联将为产业发展创造大机遇，正如报告中所说"产业互联网的春天已经到来"。

《中国 IT 产业发展报告（2015～2016）》比较全面地总结了 2015 年度中国 IT 产业发展的情况，数据丰富、内容全面，提出并总结了一些重要的产业趋势，值得一读。我相信未来 IT 产业将会进一步与生产生活各领域融合，引领经济发展。

杨元庆

联想集团董事长兼 CEO

序　二

互联网已经成为中国经济创新发展的重要驱动力之一，未来将形成一个连接、开放的生态系统，为各行各业的发展注入新的力量。如果我们错失互联网的这种能力，就如同在第二次工业革命时代拒绝使用电力。"互联网＋"与传统行业渗透融合，可以逐步从替代走向创新和优化，打破信息不对称造成的壁垒，从而形成更多低成本、开放创新、公开透明、精准个性化订制的新型产业与服务。通过信息技术和互联网平台，我们将能够把互联网和各行各业，包括传统行业结合起来，在新的领域创造新的生态。人和人之间的连接向着人和设备、人和服务的连接迈进，很有可能打破甚至颠覆传统的产业格局。

自2015年3月十二届全国人大三次会议上，李克强总理在政府工作报告中提出"互联网＋"行动计划以来，互联网已经或者正在改变着社会经济生活的方方面面，"互联网＋"逐渐由概念走向落地，以"互联网＋"为代表的分享经济为形成动能接续转换提供强劲动力。可以说经济和分享从来都是分不开的，只不过是随着IT的发展，电脑的诞生，互联网的诞生，现在信息越来越发达。所以每一个个体、每一个企业、每一个家庭不但可以分享更多的信息，而且可以获取更多的信息，这就使得经济更加上了一个新的台阶。我们今天的分享跟IT技术的发展是密不可分的，如果没有IT技术的发展，可能就没有Uber、滴滴，就没有今天的Airbnb。基于IT技术的分享经济远远没有发展到尽头，才刚刚只是一个开始，现在有很多的朋友在谈，将来怎么样把更多、更好的农产品，用平台的方式，跟更多的消费者直接进行分享。

目前，我国分享经济在许多领域取得不错成绩。在闲置房产领域，一些网站通过以租代售的分享方法，催生了旅游住宿新模式，促进了旅游经济的新发展；在劳动服务领域，在线服务众包模式得到社会认同，已创造了上千万的就业机会，缓解了就业压力；在交通出行领域，春节前顺风车的合乘返乡，也一定程度上缓解了春运运力不足的问题。这些体现了分享经济化解社会问题的强大适应性。当前，我国的分享经济正从交通出行和住宿领域，拓展到个人消费的许多领域，同时企业端市场也正在逐渐成型。

每年在深圳IT领袖峰会上发布的《中国IT产业发展报告》都能全面地描述中国IT产业发展的基本情况，并对未来IT产业发展趋势作出研判，非常具有参考价值。

马化腾
腾讯公司董事会主席、执行董事兼首席执行官

序 三

我们已经走进了一个万物互联的时代,基于互联网的技术创新、模式创新正在改变人们的生产生活,以人工智能、无人驾驶、机器人为代表的核心技术已取得令人惊奇的进展,将迎来更大的突破,并走向应用和产业化。

人工智能的概念自 1956 年提出,至今已经 60 年了,其间经历多次的热潮。2016 年 3 月,谷歌公司的阿尔法围棋(AlphaGo)在对战世界围棋冠军、职业九段选手李世石的比赛中,以 4:1 获胜,再次掀起了人工智能的热潮。云计算、大数据等技术的发展,使得以深度神经网络为核心的深度学习算法可以释放出更大的能量,机器学习的效率进一步提升,这次的人工智能热潮有希望将我们带入智能科技的新时代。机器替代脑力劳动正在成为现实。实际上,很多东西人学习比较困难,但是机器学习起来很简单;也有一些人学习起来很简单,但机器学习很难的领域。这些机器学习难的领域就需要机器去克服,当克服以后,简单的脑力劳动就会被机器所替代。工业时代是把一些简单的体力劳动用机器替代,但是也创造出了很多新的就业机会;现在的人工智能也是一样,一些简单的脑力劳动就会被机器所替代。毫无疑问,脑力劳动的替代是一个循序渐进的过程,不可能一蹴而就。例如,在完全无人驾驶的汽车走向市场之前,驾驶辅助系统将起到重要作用,并逐步过渡至无人驾驶以及车路全自动运行。

我们正处于一个科技创新加速、产品迭代加速的时代,IT 正在以前所未有的速度与更多的人、事、物相连接,并不断提高人的能力、事的效率、物的品质。平台化、网络化、智能化和分享经济将使得 IT

的影响力不断增加，并在更大的范围内显示其应有的力量。因而，加快布局前沿信息科技领域对于国家产业培育和企业竞争力提升都至关重要。

　　IT领袖峰会上，每年发布的《中国IT产业发展报告》都能带来一些新观点，值得一读。我很赞同报告中有关智能科技时代到来，以及虚拟现实和增强现实技术将改变未来IT产品形态等看法。

李彦宏

百度公司创始人、董事长兼首席执行官

第一部分 综述篇

第一章 全球 IT 产业发展特点

2015 年，世界经济下行风险增加，主要国家和地区积极挖掘社会创新潜能，以大数据、云计算、智能制造为主导加快了深化信息经济发展布局。从产业的角度来看，世界 IT 产业以软件为中心的态势凸显，尤其是软件和 IT 服务业及其转型技术备受资本青睐；新兴产业与传统产业展开博弈的同时，也在加速融合与创新；数据成为差异化竞争的核心元素，互联网平台及其新兴生产模式和商业模式的快速崛起令各界瞩目。从企业的角度来看，以百度、阿里巴巴、腾讯（BAT）为代表的中国企业崛起，全球 IT 企业谋求业务战略转移以获取更大的市场空间，随之企业间的合作与竞争逐步升温。

一 全球经济下行风险增加，IT 支出规模增速下降

全球经济尚未出现整体经济形势的强劲回归和全球性的同步增长。几乎所有的国家和地区都已下调了近期经济增长率，世界经济的下行

风险不断加大。其中，发达经济体经济增长有所增强，以美英为代表的发达国家复苏进展最快，其他欧盟国家和日本的复苏预期更为不确定；新兴市场和发展中经济体的增长有所减缓，未来面临的下行风险上升，但在世界产出中所占比例却不断提高。2015年10月，国际货币基金组织在其发布的《世界经济展望》中提出，2015年全球经济增长率为3.1%，比2014年低0.3个百分点（见图1-1）。

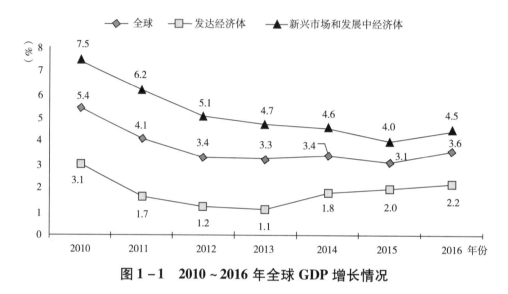

图1-1　2010～2016年全球GDP增长情况

资料来源：IMF：*World Economic Outlook*。

世界经济的疲软走势显著拉低了IT支出规模的增速。根据高德纳（Gartner）数据，2015年全球IT支出规模为3.5万亿美元，同比减少5.5个百分点；但若以固定汇率计算全球IT支出规模，则同比增长2.5%（见图1-2）。造成这种下滑态势的原因有两个，一是受美元升值影响所致，二是新兴市场增长的相对放缓。其中，设备市场的主要支出项目仍是移动电话，但整体而言，个人电脑、智能手机和平板电脑市场增长趋于疲软甚至停滞不前。数据中心系统市场短期表现疲软，但鉴于服务器市场超大规模服务器、大型主机服务器的置换需求较高，依然前景可期。在严峻的经济形势下，云计算、大数据、移动互联网等先进技术和服务广泛而深入的应用，使得企业软件产品支出减少 1.2%。

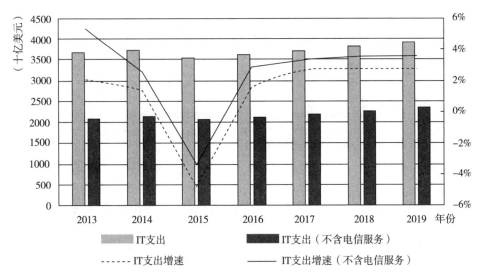

图 1-2　2013~2019 年全球 IT 支出增长情况

资料来源：高德纳。

然而，从垂直领域来看，零售业、金融业、医疗保障、媒体服务、教育等行业的支出体量和增幅都较大。零售业领域，主要将 IT 支出用于多渠道提升用户参与和体验，简化购物流程，另外移动支付和数字钱包也成为优先支出项目；银行和安全领域，为应对基于新兴技术和服务的行业竞争以及严峻的金融安全问题，加大了在服务流程管控、信息安全、人工智能方面的投入；医疗保障领域，以美国为代表的国家积极鼓励医疗信息系统、电子病历等项目的建设，带动了该领域 IT 支出的增长（见图 1-3）。

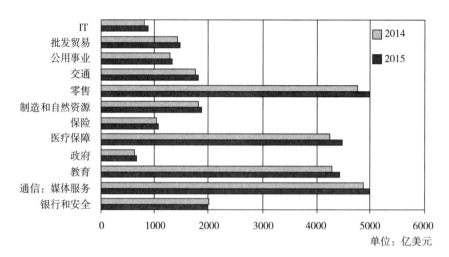

图1-3　2014～2015年全球垂直行业IT支出增长情况

资料来源：高德纳。

二　IT产业规模增长趋缓，新兴技术备受关注

信息技术依然是带动全球产业发展的重要引擎，但受到世界经济形势影响，整体增速放缓。从2015年1月2日至2015年12月24日期间主要国家和地区标准普尔IT行业指数走势可以看出，在美国、欧洲等国家和地区，IT产业发展呈现缓慢的低速增长态势；日本的政府增长策略还未表现出显著的产业提振效果，IT产业依然呈现缓慢下行趋势；而中国相关产业发展依然呈上升趋势，但由于海外市场需求缩减、国内经济结构调整尚未到位等原因，IT产业增长势头较往年有所减缓（见图1-4）。

在这种经济形势下，世界电子信息产品市场也受到了一定冲击。2015年，全球电子信息产业规模继续扩大，但增速明显放缓，下行压力显而易见。其中，电子产品产值18615亿美元，增速1.9%，同比减少1.1个百分点；销售收入18523亿美元，增速2.0%，同比增长0.6个百分点（见图1-5）。

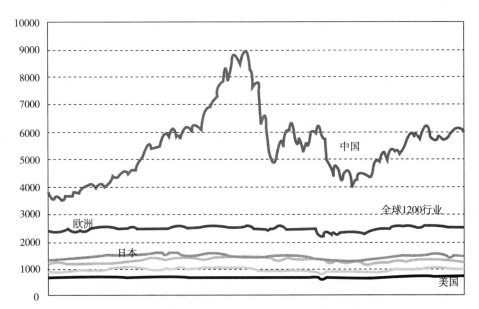

图 1 - 4　2015 年主要国家和地区信息技术行业指数趋势

注：图中指数来源分别是标普中国 A 股全市场信息技术行业指数、标普全球 1200 行业信息技术行业指数、标普欧洲信息技术行业指数、标普日本信息技术行业指数、标普英国信息技术行业指数、标普美国信息技术行业指数，时间区间为 2015 年 1 月 2 日至 2015 年 12 月 24 日。

资料来源：Wind。

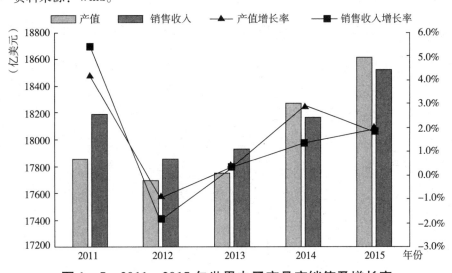

图 1 - 5　2011 ~ 2015 年世界电子产品产销值及增长率

资料来源：*The Yearbook of World Electronics Data 2015*。

IT 设备方面，IDC 数据显示，全球桌面电脑出货量持续下降，年均复合增长率为负值；智能手机、平板电脑出货量稳中有升。值得一提的是，2015 年，可穿戴设备市场进入启动期，如谷歌推出头戴手机盒子 Carboard、苹果正式发布 Apple Watch、索尼发布虚拟现实头盔等。根据 eMarketer 的数据，2015 年，美国有 3950 万成年人使用智能手表和健身追踪器等可穿戴设备，同比增长率达 57.7%。另外，由于云计算、大数据的迅猛发展，全球服务器出货量显著增加，根据高德纳数据，2015 年第三季度全球服务器出货量同比增长了 9.2%（见图 1 -6）。

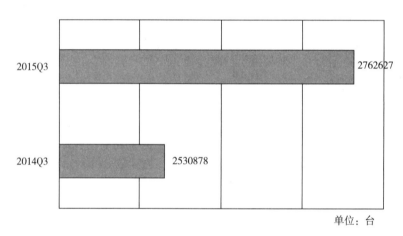

单位：台

图 1 - 6　2014 年第三季度与 2015 年第三季度全球服务器厂商出货量统计

资料来源：高德纳。

软件产业发展仍是 2015 年度全球 IT 产业中增长态势最好的产业领域，但增速降至 4.3%，同比减少 1.5 个百分点（见图 1 -7）。然而，随着数据及其应用在信息经济时代的产业带动力不断增强，数据存储与管理、信息协同共享、信息安全类的软件和技术服务将供不应求，成为带动 IT 产业发展的主力军。

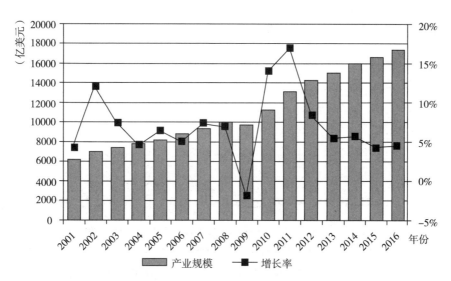

图 1-7　2001~2016 年世界软件产业增长情况

注：2016 年数据为预测值。

资料来源：工业和信息化部电子科学技术情报研究所。

从 IT 产业投资和并购情况来看，新兴转型技术备受关注。资本在软件和 IT 服务领域，尤其是其中的新兴转型技术板块的流动性增强。以 2015 年前三季度的全美 IT 产业投资情况为例，软件和 IT 服务投资规模大幅增加，投资金额总计达到 221.1 亿美元，同比增长 58.2%。从垂直行业并购角度看，IT 企业更加青睐信息安全、大数据、医疗 IT、云计算领域的转型技术，除了投融资外，主要通过企业并购的方式获取相关技术和占领市场（见图 1-8）。截至 2015 年 6 月底，上述领域并购规模已经产生了超过 2014 年全年的交易额，如按季度同比计算，2015 年各季度比 2014 年各季度产生的交易额至少高出 1/3。

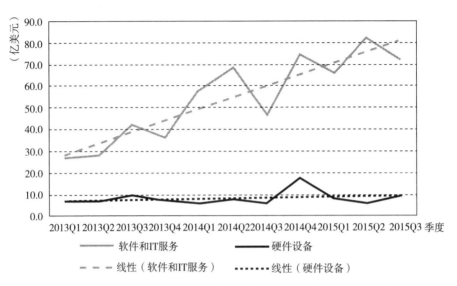

**图1-8　2013Q1～2015Q3美国软件和IT服务、硬件设备
风险投资规模变化趋势**

资料来源：NVCA。

从IT产业投资和并购情况来看，新兴转型技术备受关注。资本在软件和IT服务领域，尤其是其中的新兴转型技术板块的流动性增强。以2015年前三季度的全美IT产业投资情况为例，软件和IT服务投资规模大幅增加，投资金额总计达到221.1亿美元，同比增长58.2%。从垂直行业并购角度看，IT企业更加青睐信息安全、大数据、医疗IT、云计算领域的转型技术，除了投融资外，主要通过企业并购的方式获取相关技术和占领市场。截至2015年6月底，上述领域并购规模已经产生了超过2014年全年的交易额，如按季度同比计算，2015年各季度比2014年各季度产生的交易额至少高出1/3（见图1-9）。

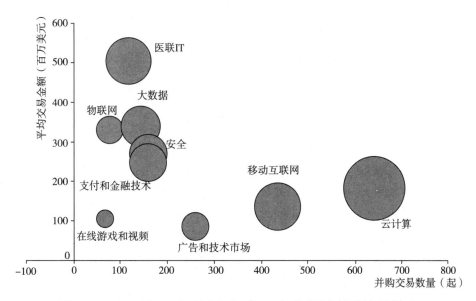

图1-9　2015Q1~2015Q3全球IT细分领域并购交易情况

注：平均交易额基于已公布交易额的交易，而交易量包含已公布和未公布交易额的交易。气泡大小代表每一项交易驱动趋势在季度交易总额中的占比。

资料来源：安永。

三　信息经济正在崛起，数据成为差异化竞争的核心元素

"大数据+云计算"成为连接一切和智能化的根基，平台经济和共享经济模式由此深入发展。互联网正在与越来越多的传统行业融合。其结果是围绕移动智能终端构建的生态体系将逐步弱化，由此物联网的迅速发展和应用有取代互联网的趋势，正在进一步带来整个产业结构的革命和商业模式的变革。高德纳认为物联网市场在2020年将达到2万亿美元，年均增长率35%，麦肯锡则预计2025年这一数字可达11万亿美元。

大数据、云计算、移动互联网、物联网等技术的发展和应用，构成了信息经济的基础设施层，平台经济和共享经济模式在此基础上深

入发展。新兴技术和模式创新驱动，将生产方式从集中式、大规模转向少量多样，市场竞争力从降低成本为核心转为资料分析及应用价值服务为核心，产业结构从封闭的垂直供应链转为开放式平台的生态体系，价值链从品牌主导的垂直分工转向新一代服务型应用生态体系。在这一体系之上，传统产业的商业流程能够突破个体机构和产业边界，呈现社会化协作的"大平台＋小前端＋富生态"的新型组织模式，平台型公司、共享经济模式大量出现，从而达到市场资源优化配置，驱动产业创新和提升国家治理能力的效果（见图1-10）。

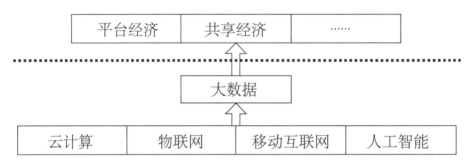

图1-10　信息经济要素的关系图谱

资料来源：工业和信息化部电子科学技术情报研究所。

平台经济模式驱动，充分利用信息技术优势，打破了以往固有的产业及其所属行业划分，通过信息、资金、物流和核心资源的整合减少效率层级，顺应消费趋势、实现资源共享，激发生态创新。截至2015年5月，全球15大互联网公司（按照市值计算），无一例外均为平台型公司。共享经济模式通过新兴技术应用形成了一个动态生态圈，实现了生产要素社会化以及高效协同、降低成本、精准营销等，改变着人们购买产品和服务的方式，如优步、Airbnb、Justpark（见图1-11）。据普华永道的预测，全球共享经济市场约为150亿美元，2020年有望达到3350亿美元。

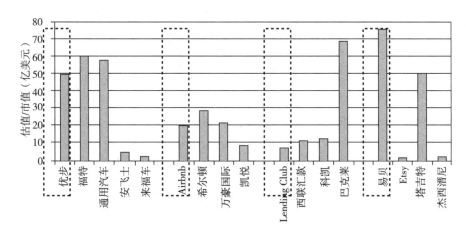

图 1 -11　共享企业与同类传统企业估值对比

资料来源：安信证券研究中心。

数据正在成为竞争差异化的核心元素之一，得以充分挖掘产业发展的无限潜力。信息要素全面升级，数据正在成为整个经济社会的核心资源。一方面，"大数据之于企业，就如同石油一样重要，它不再是商业活动的附属品，而是重要的生产资料和商业资源，而收集、整合、分析、利用、校准等每一个环节都成为全新商业能力的体现。企业高管要认识并珍视数据的价值，须将其视为一种竞争要素和战略资产"。另一方面，数据通过互联网进行充分流动和分享，消弭了产业发展过程中信息和知识的不平等性，得以充分挖掘产业发展的无限潜力。

IDC 的研究显示，预计到 2019 年年底，全球大数据技术和服务市场的复合年均增长率将达到 21% 左右，是整个 IT 市场增幅的 6 倍；尤其是相关的数据管理、发现、分析，以及应用软件将以 26% 的复合年均增长率领先于其他市场。从市场应用的情况来看，*CSC Global CIO Survey*：2014～2015 研究表明，64% 的各行业信息技术高管都在大力投资大数据业务，75% 的 CIO 声称大数据对生产力和效率产生了积极的影响，69% 的调查对象认为大数据很重要或是优先事务，70% 的调查对象声称他们对大数据业务的投资对业务创新产生了积极影响。

与此同时，消费需求的个性化，拓展了大数据的应用场景。这就要求传统行业突破现有生产方式与商业模式，对消费需求所产生的海量数据与信息进行大数据处理与挖掘；在这一过程中，所产生的信息与数据也需要及时收集、处理和分析，用于指导生产、销售和服务（见表1-1）。

表1-1　大数据的应用场景

行业	应用价值	当前应用状况	未来应用场景
医疗	各地医院统一协调 保健咨询服务系统 新药研发 便于医患沟通，提高诊疗效率 疾病基因分析	药品研发 疾病治疗 公共卫生管理 居民健康管理 健康危险因素分析	智能医疗平台化 电子健康服务生态系统 个人健康管理及预警 个性化医疗保险
金融	客户行为分析 金融风险分析 运营分析	银行大数据 保险大数据 证券大数据	金融产品垂直搜索和销售平台 全民征性 个人理财及投资电子化平台
电子商务	市场营销 个性化导购	广告追踪和优化 产品分析 用户行为分析 推荐系统	数据化运营 行业应用垂直整合 数据资产化 商品来源可追溯及智能比价
零售	市场营销 商品管理 提升运营效率 供应链环节 新商业模式	数据营销 精准管理 建立新市场增长点	消费者全过程数据描述 产业链营销重构 着眼于线下数据的采集 线上线下数据融合和系统对接 基于消费者喜好定制化产品

行业	应用价值	当前应用状况	未来应用场景
通信	提升网络服务质量/提升书卷气 精准洞察客户需求 升级商业信息化解决方案 加强统筹规划	支持营销运营管理应用 客户体验管理 促进智能管道运营应用 智慧交通	社交网络分析 客户体验分析 客户价值分析 政府的智能化
政府公共服务	提高智慧城市感知水平 提高经济社会智慧水平	智慧安防	数据驱动政府公共服务 促进政府的数据治理 （反恐/环保/防灾等）

资料来源：199IT。

四　企业竞争与战略合作升温，BAT 为代表的中国企业崛起

鉴于 IT 企业的平台化发展趋势，全球软件企业 500 强（*Software Magazine Top* 500）的年度表现基本可以反映当前 IT 企业的整体态势。根据 *Software Magazine* 发布的最新数据，2015 年，全球软件企业 500 强的总收入为 7487 亿美元，同比增长 4.3%，增速比 2014 年降低 2.8 个百分点（见图 1－12）；研发费用同比增长 12.4%，与 2014 年基本持平；相关从业人数同比增长 14%，达到历史新高。其中，从企业收入规模和增速角度来看，苹果公司同比增速最快（13%）、达 180.6 亿美元；从业务分类来看，电子业务应用、安全工具/系统和医疗是增长最快的领域，收入增长同比超过 5 倍。

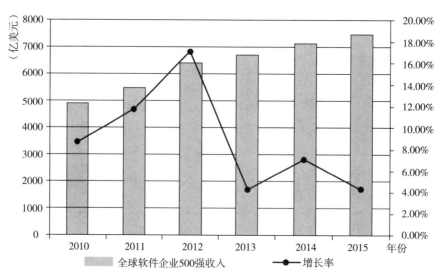

图1-12 全球软件企业500强收入增长情况

注：数据统计的财政年度截止到2015年2月28日。

资料来源：*Software Magazine Top 500*。

按照三个营业收入梯队分别考察年收入增速前十位的公司业务（见图1-13），2015年，0.5亿～1亿美元规模的企业更侧重于电子业务、垂直应用、金融服务、云计算方面的业务；1亿～10亿美元规模的企业显著倾向于电子业务类，涉及信息管理、智能制造、电子商务等领域；10亿美元以上规模的企业在各领域都有所布局，但更热衷于垂直应用如医疗IT、线上线下服务等，以及金融服务。

IT大企业的业绩正遭遇严峻挑战，裁员成为可以立即减负的有效办法。对内，大企业受到技术转型驱使，不得不通过调整业务结构加速改变战略走向和经营思维；对外，面对全球经济的震荡，扩大市场份额阻力重重。例如，IBM由2014年的463785人裁员至2015年的412775人，员工减少11%；微软公司关闭位于芬兰的前诺基亚手机产品开发部门，相应裁员达2300人，营业支出削减35%；HTC裁员15%，削减营业支出1/3以上。

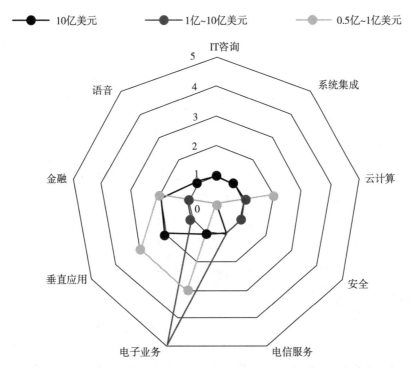

图 1-13 不同营业收入梯队年收入增速前十位的公司业务分布

资料来源：*Software Magazine Top 500*。

除了裁员，大企业还将战略重点放在加快业务转型步伐之上（见图 1-14）。例如，IBM 向"战略紧迫性"业务转移 40 亿美元开支，包括云计算、数据分析、移动技术，并希望 2018 年可以使其在云计算、大数据、安全和其他新兴领域的营收达到 400 亿美元；以硬件技术见长的戴尔公司并购 EMC，战略定位于数字转型、软件定义数据中心、聚合基础设施、云计算、移动和安全。另外，企业间的合作与竞争更为频繁。例如，谷歌与苹果在多领域竞争呈现白热化趋势，移动支付领域的 Android Pay 与 Apple Pay、智能家居领域的 Brillo 与 HomeKit、谷歌地图和苹果地图等。这种竞争与合作甚至超出 IT 领域，扩大到更为广泛的政治和经济层面，如亚马逊、谷歌已经不拘泥于 IT 产业本身，而是开启了在基因工程、生物医学和医疗研究领域的竞争；在国家和地区层面，欧盟、韩国、俄罗斯等基于 IT 产业发展所带来的隐私权益、市场竞争问题，对谷歌、Facebook 等美国科技公司都采取了不同程度的法律审查和制裁措施。

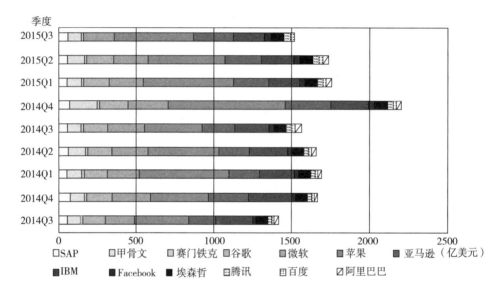

图 1－14　2014Q3～2015Q3 世界主要软件和 IT 服务企业主营业务收入情况

注：主营业务收入按照当季财报汇率换算为亿美元，由于各公司财季截止日期不同，本报告在计算时对时间区间进行了处理。

资料来源：根据各公司财报整理。

以百度、阿里巴巴、腾讯（BAT）为代表的中国企业崛起，上榜年度《世界品牌 500 强》。这标志着 BAT 企业品牌世界影响力的上升，包括其品牌开拓市场、占领市场并获得利润的能力的不断增强。从 2015 年前三季度主要软件和 IT 服务企业营收同比增长率来看，Facebook 位居第一，而列第二、三、四名的分别是中国的阿里巴巴（34.8%）、百度（31.8%）、腾讯（20.2%）（见图 1－15）。其中，阿里生态系统逐渐由阿里巴巴一家企业的"巨型战舰"转变为一个"航母战斗群"——生态系统内独立于阿里巴巴的众多伙伴关系企业，相互呼应，形成协同效应。而 IBM、微软、赛门铁克、甲骨文、SAP 等公司相关增长率为负值，显然转型之路任重而道远。

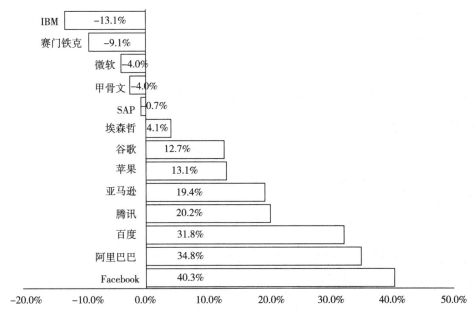

图 1 – 15　2015 年前三季度主要软件和 IT 服务企业营收同比增长率

资料来源：根据各公司财报整理。

五　主要国家和地区深化信息经济布局

2015 年，世界主要国家和地区为了深化信息经济发展，不约而同地将创新置于制定社会经济战略的首位。美国国家经济委员会和科技政策办公室联合发布了 2015 版《美国国家创新战略》；欧洲社会创新促进会（SIAN）通过把欧洲众多社会创新孵化器或有关组织机构纳入统一平台，实现更大范围的帮扶和推广；韩国在全国 17 个广域市和道设立创造经济革新中心，推进创造经济；中国的社会创新能力也在不断提升，《联合国教科文组织科学报告：面向 2030 年》显示，中国研发支出占全球研发支出总额的 20%，超过欧盟和日本，升至全球第二，仅次于支出占 28% 的美国。

在此基础上，世界主要国家和地区更注重以大数据、云计算、智能制造为主导进行产业布局。

1. 美国

美国 2009 年以来陆续出台大数据、开放数据、工业互联网相关的战略规划，以及诸如网络与信息技术研发计划（NITRD）的基础研发计划，目前正处于具体落实阶段。目前，除了技术及其应用之外，美国政府更多聚焦于数据流动保障、个人信息保护、国家安全等方面的问题。2015 年 1 月起，《个人数据通知和保护法案》《学生数据隐私法案》陆续出台，提出了数字教育创新，将数字素养作为 21 世纪的新技能；消除数据应用的不平等等理念。2015 年 2 月 6 日，白宫发布《国家安全战略》提出正在制定全球性网络安全标准，并建设打击和调查网络威胁的国际能力。

2. 欧盟

2015 年 5 月 6 日，欧盟委员会发布《数字化单一市场战略》，从国家和企业利益出发，旨在整合并建立统一的数字服务规则和市场。该战略提出了建设数字化单一市场的三大支柱，分别是为消费者和企业提供更好的跨境数字产品和服务准入，创造有利于数字网络和服务繁荣发展的有利环境，最大化实现数字经济的增长潜力，包括如欧洲数据自由流动计划、发展大数据和云计算产业和应用。

3. 日本

2015 年 1 月 23 日，日本政府公布了《机器人新战略》，旨在"扩大机器人应用领域"与"加快新一代机器人技术研发"，提出使机器人开始应用大数据实现自律化、机器人之间实现网络化的时代已经来临。并于当年 5 月成立了日本机器人革命促进会，7 月在该促进会之下成立物联网升级制造模式工作组。IT 综合战略本部相应地公布实施了《激发创业者精神的 IT 相关实施对策一揽子计划》、网络安全战略本部发布了《网络安全战略》，对信息经济时代的创业创新、数据流动和保护等提出了配套和保障措施。

4．韩国

2015 年 3 月，韩国政府公布《制造业创新 3.0 战略实施方案》，以促进制造业与信息技术融合，从而创造出新产业，提升韩国制造业的竞争力。对此，国家制定了长期规划和短期规划相结合的多项具体措施，大力发展无人机、智能汽车、机器人、智能可穿戴设备、智能医疗等 13 个新兴产业，欲打造 1 万家智能工厂，总投入预计约合 230 亿美元；进行对中小企业的智能化改造；提出到 2017 年前，投资 1 万亿韩元研发 3D 打印、大数据、物联网等 8 项核心智能制造技术。

5．中国

2015 年，国家出台《国务院关于促进云计算创新发展培育信息产业新业态的意见》《国务院关于印发〈中国制造 2025〉的通知》《国务院关于积极推进"互联网＋"行动的指导意见》《国务院关于印发促进大数据发展行动纲要的通知》等多项战略措施，旨在大力发展智能制造、大数据、云计算等相关产业，以适应经济发展新常态，推动产业升级和转型。同年 10 月，亚太空间合作组织发展战略高层论坛讨论通过了《亚太空间合作组织发展战略高层论坛北京宣言》，将信息经济建设与"一带一路"的国家战略结合，欲构建"一带一路"沿线 10 国空间信息走廊，通过互联互通，实现天地一体化，让空间信息更好地服务于各国经济社会发展。

第二章 中国 IT 产业发展评价

2015 年，中国 IT 产业①以"实施网络强国战略，实施'互联网＋'行动计划，发展分享经济，实施国家大数据战略"为契机，不断加强技术、产品和服务创新，促进产业结构优化，加快 IT 与经济社会各领域深入融合，产业"由大向强"发展拐点正在形成。

一 产业综合实力持续提升

为全面评估 IT 产业发展，报告继续围绕产业供需两侧融合发展，从产业表现、产业创新、产业环境和产业辐射四个维度对 IT 产业进行综合评价（见图 2－1）。

在建立评价指标体系时既考虑到 IT 产业自身，也考虑到 IT 产业与外部环境及其他产业领域的相互影响关系，着力构建封闭的评价模型。其中，产业表现和产业创新为内生指标，主要关注 IT 产业本身。产业表现重点强调 IT 产业供给能力，突出产业规模、产业结构和产业效益情况；产业创新以技术和模式创新为核心，突出强调创新驱动 IT 产业发展。产业环境和产业辐射为外生指标，主要体现 IT 产业与外界的相互影响和交互作用。产业环境包括政策环境、投融资环境、市场环境等方面，强调环境（尤其是其他产业领域发展）对 IT 产业发展的促进作用；产业辐射重点阐述 IT 产业的赋能效应，IT 支撑信息社会发展，

---

① 本报告中的中国 IT 产业数据未包括中国香港、中国澳门和中国台湾的数据。

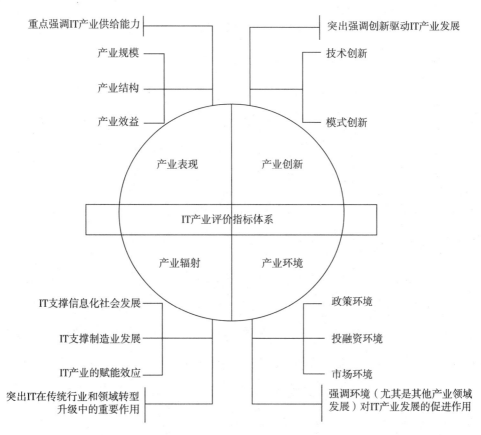

图 2 - 1 IT 产业评价指标体系

资料来源：工业和信息化部电子科学技术情报研究所。

IT 支撑制造强国，突出 IT 在传统行业和领域转型升级中的重要作用。评价模型和方法参考了世界经济论坛的竞争力评价，按照 IT 产业对经济社会的影响，将 IT 产业发展分为要素驱动、效率驱动和创新驱动三个发展阶段。在不同的阶段，产业表现、产业创新、产业环境和产业辐射对 IT 产业发展的贡献率会有所不同，相应的评价权重也会进行动态调整（见表 2 - 1）。

表 2-1　IT 产业发展评价指标权重与发展阶段

阶　段 权　重	阶段 1： 要素驱动	阶段 1 向 阶段 2 过渡	阶段 2： 效率驱动	阶段 2 向 阶段 3 过渡	阶段 3： 创新驱动
增加值占比 *	<1%	1%～3%	3%～5%	5%～7%	>7%
产业表现	50%	35%～50%	35%	20%～35%	20%
产业创新	15%	15%～20%	20%	20%～25%	25%
产业环境	10%	10%～15%	15%	15%～20%	20%
产业辐射	25%	25%～30%	30%	30%～35%	35%

注：* 各阶段划分以 IT 产业增加值占 GDP 比重为依据。
资料来源：世界经济论坛、工业和信息化部电子科学技术情报研究所。

　　数据来源方面，由于国际和国内统计口径存在差异，横向比较和纵向比较使用的指标和数据存在差异。其中，在横向比较中（中国与其他国家对比），报告采用的指标数据全部为世界银行、国际货币基金组织、国际电信联盟（ITU）、世界经济论坛、经济合作与发展组织（OECD）、麦肯锡等国际组织和机构的可比数据；在纵向比较中（中国 IT 产业数据的时间序列），报告主要采用国家统计局、工业和信息化部、商务部、国家发展改革委等官方统计数据。

　　中国 IT 产业综合实力提升明显，但仍处于第二梯队。2015 年，美国的 IT 产业发展指数仍旧居全球首位，但是与上年相比其指数得分下滑 2.3 分；日本和韩国仍旧位列第二位和第三位，IT 产业发展指数得分分别提高 0.2 分和 1.4 分；英国和德国位于第四位和第五位，发展指数得分分别下降 0.8 分和 0.2 分；中国以 65.5 分的得分位居第六位，得分较上年提高 4 分；俄罗斯和印度的得分则分别较上年提高 4.4 分和 1.3 分，位居第七位和第八位（见表 2-2）。对比各国 IT 产业发展指数、IT 产业增加值占国内生产总值（GDP）的比重和产业规模来看，美国仍旧处于第一梯队，遥遥领先于其他各国；日本、韩国、英国、德国、中国处于第二梯队，各有特点和优势（见图 2-2）。从整体看，以中国、日本、韩国、印度为首的亚洲地区是当前 IT 产业发展最快的

地区，欧美地区的 IT 产业发展水平较高，但是其进一步提升的空间
有限。

表 2-2　2015 年八个国家 IT 产业发展指数排名及得分情况

排名	国家	发展指数	产业表现	产业创新	产业环境	产业辐射
1	美国	87.8	87.4	87.5	95.0	84.2
2	日本	77.3	73.2	87.8	71.4	75.6
3	韩国	77.0	74.5	81.4	70.1	82.0
4	英国	72.0	62.5	85.6	77.5	69.8
5	德国	70.4	61.0	73.6	76.0	76.8
6	中国	65.5	73.1	65.9	69.8	56.8
7	俄罗斯	50.1	49.6	53.3	58.6	45.2
8	印度	43.3	50.1	34.8	56.0	33.3

资料来源：工业和信息化部电子科学技术情报研究所。

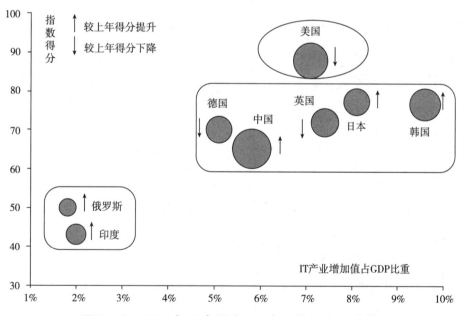

图 2-2　2015 年八个国家 IT 产业发展水平比较

资料来源：工业和信息化部电子科学技术情报研究所。

中国IT产业"由大向强"发展拐点正在形成。近几年，中国的IT产业发展非常引人注目，不仅仅表现在规模上的持续高速增长，整体综合实力也得到较大幅度的提升。中国IT产业发展指数由2010年的53.7上升至2015年的65.5，近三年呈现出加速提升态势，2013年、2014年和2015年分别提升了2.1分、3.3分和4分（见图2－3），产业呈现"由大向强"发展趋势。主要的原因有以下四个方面：一是在核心芯片、基础软件、存储技术、可信计算等关键领域不断取得突破，解决了一些制约产业发展的技术障碍；二是国家高度重视以云计算、大数据为代表的新兴技术产业，不断出台产业扶持政策，协同创新和产业带动强劲；三是中国拥有完整的IT产业链条，产业协同效应强；四是国内市场对IT技术、产品和服务的需求巨大，以互联网为代表的新兴企业快速成长，不断促进传统企业"触网"，加速完成"两化深度融合"。

　　创新、智能和分享成为中国IT产业发展的三个重要特点。中国IT

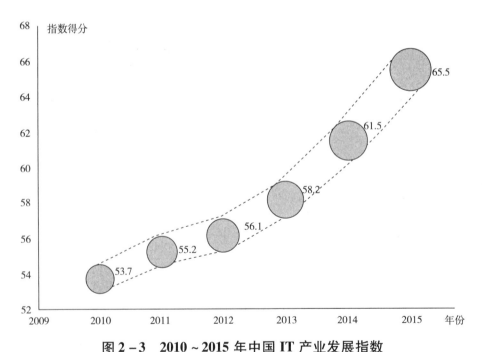

图2－3　2010～2015年中国IT产业发展指数

资料来源：工业和信息化部电子科学技术情报研究所。

产业发展已经完成了要素驱动向效率驱动的过渡，目前正在由效率驱动向创新驱动发展，技术创新和商业模式创新成为中国 IT 产业发展的核心。技术创新方面，智能科技最为引人瞩目，2015 年以无人驾驶、工业和服务机器人、智能硬件为代表的智能科技开始崭露头角，成为国家和企业布局重点。中国已经将机器人和智能制造纳入国家科技创新的优先重点领域，百度、比亚迪、吉利等互联网和传统汽车厂商纷纷推出无人驾驶汽车，新松机器人、科大讯飞等持续布局机器人和人工智能领域，华为公司、小米科技等不断加大智能硬件领域投资和布局。商业模式创新方面，以互联网平台为核心的分享经济开始被广泛接受，并有助于提升经济效率和节能减排。国家信息中心的数据显示，2015 年中国分享经济市场规模达到 19560 亿元，参与服务提供者 5000 万人次，主要集中于金融、生活服务、交通出行、生产能力、知识技能、房屋短租等领域，涌现出滴滴出行、京东众筹、搜易贷、PP 租车、小猪短租、人人快递等一批创新企业。其中，滴滴出行平台全年订单达到 14.3 亿笔，服务用户达到 3 亿人次，累积行驶里程 128 亿公里，仅拼车服务和顺风车服务每日节省 114.3 万辆车次出行，每年节省 5.1 亿升汽油，减少 1355 万吨碳排放。

二　互联网成为新发展引擎

产业表现指数提升快于整体 IT 产业发展指数。产业表现主要从产业规模、产业结构和产业效益三方面评价。自 2012 年起，产业表现指数呈现出加速提升态势，而且快于整体的发展指数（见图 2 - 4）。在这期间，中国的 IT 产业规模增速和 IT 产品出口增速是下降的，因此产业表现的提升主要得益于 IT 产业结构和产业效益的提升，软硬比例从上年的 35.5：100 提高至 38.4：100，电子信息制造业工业增加值继续保持 10% 以上的增速。这表明，中国 IT 产业发展正在由大变强。此外，从国别来看，中国的 IT 产业表现指数仅次于美国、日本和韩国，已经超过了英国和德国（见图 2 - 5）。

中国IT产业发展报告（2015～2016）

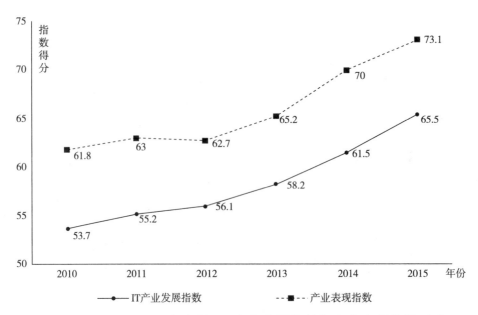

图2-4 2010~2015年中国IT产业发展指数与产业表现指数对比

资料来源：工业和信息化部电子科学技术情报研究所。

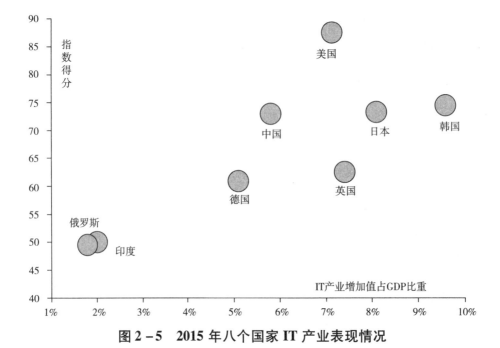

图2-5 2015年八个国家IT产业表现情况

资料来源：工业和信息化部电子科学技术情报研究所。

IT 产业规模保持持续较快增长，进出口总额有所减少。中国经济由高速增长向中高速增长转变的新常态下，电子信息制造业和软件业仍旧保持较快增长态势，产业规模继续扩大。2015 年，全国电子信息产业收入规模达到 15.4 万亿元，同比增长 10.3%，增速下降 3.4 个百分点。其中，电子信息制造业销售收入首次突破 11 万亿元，同比增长 7.6%，增幅下降 3.9 个百分点；软件业实现业务收入 4.3 万亿元，同比增长 16.6%，增速下降 3.6 个百分点。全国电信业务实现收入 11251 亿元（见图 2-6）。受国内外经济增速持续放缓和消费需求减弱的影响，电子信息产品进出口增速持续下滑。2015 年，电子信息产品进出口总额为 13088 亿美元，同比下降 1.1%，好于全国货物贸易进出口总值增速近 6 个百分点。其中，出口额自 2010 年以来首次出现负增长，同比下降 1.1% 至 7811 亿美元；进口额为 5277 亿美元，同比下降 1.2%

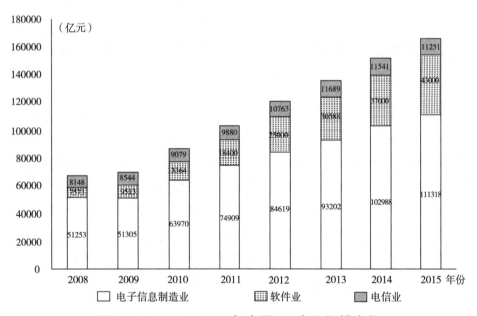

图 2-6 2008~2015 年中国 IT 产业规模变化

资料来源：工业和信息化部。

（见图2-7）。从2009~2015年的数据看，电子信息产品进出口总额增速不断放缓，并出现下滑，但电子信息产品贸易顺差持续维持在2500亿美元的高位水平，中国电子信息产品仍具有良好国际竞争力。

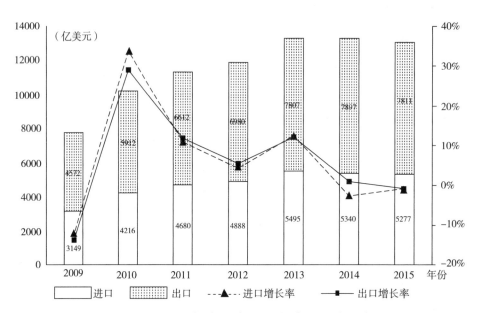

图2-7　2009~2015年中国电子信息产品进出口额及增速

资料来源：工业和信息化部。

电子信息制造业加速向中西部地区转移，东北部出现衰退。2015年，规模以上电子信息制造业中，中、西部地区分别实现销售产值14963亿元和10584亿元，同比增长18.1%和11.5%，增速高于平均水平9.4和2.8个百分点，占全国比重合计达到22.6%，比上年提高1.5个百分点。东部和东北地区电子信息制造业分别完成销售产值86587亿元和1160亿元，同比增长8.7%和下降13%。从2012~2015年数据看，东部地区电子信息制造业占全国电子信息制造业的比重不断降低，4年降低了5.5个百分点，但仍是IT产业的核心区域；中部和西部地区承接东部沿海地区产能的效应逐步显现，产业占比持续提升；东北部地区规模不断缩小，已经出现一定程度的衰退，占比下降至1%。

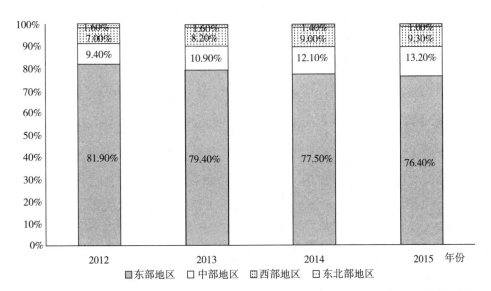

图2－8　2012～2015年东、中、西、东北部电子信息制造业占比发展态势对比

资料来源：工业和信息化部。

软件业占比进一步提升，运营服务和电子商务平台发展迅猛。2015年，软件业占 IT 产业比重首次突破四分之一，达到 25.7%。其中，软件产品实现收入 14048 亿元，增速下降 7.1 个百分点至 16.4%。信息技术服务实现收入 22123 亿元，同比增长 18.4%，较上年提高 1.7 个百分点。其中，运营相关服务（包括在线软件运营服务、平台运营服务、基础设施运营服务等）收入增长 18.3%；电子商务平台服务（包括在线交易平台服务、在线交易支撑服务等信息技术支持服务）收入增长 25.1%；集成电路设计实现收入 1449 亿元，同比增长 13.3%；其他信息技术服务（包括信息技术咨询设计服务、系统集成、运维服务、数据服务等）收入增长 17.8%。嵌入式系统软件实现收入 7077 亿元，增速大幅下降 18.9 个百分点，增速降至 11.8%。图2－9 体现了中国软件业收入结构的变化。从 2008～2015 年的数据看，未来软件业所占比重将进一步提升，而电子信息制造业和电信业占比将持续下滑（见图2－10）。

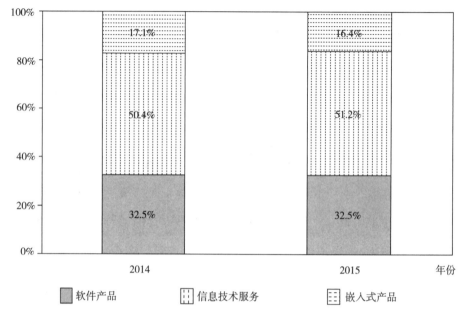

图2-9 2014年和2015年中国软件业收入结构变化

资料来源：工业和信息化部。

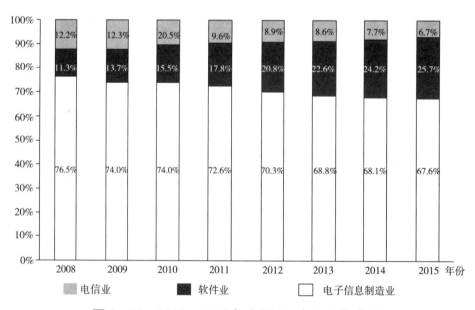

图2-10 2008～2015年中国IT产业结构变化

资料来源：工业和信息化部。

互联网企业迅速崛起，产业带动效应明显。中国互联网行业协会公布的 2015 年互联网百强企业数据显示，互联网百强企业 2014 年的互联网业务收入总额达到 5735 亿元，占我国 2014 年信息消费总额的 20.5%，业务收入总额同比增长 47%，带动信息消费增长 7.7%，贡献了 42.3% 的信息消费增量，覆盖电子商务、综合门户、互联网金融、网络游戏、网络视频等主要业务类型。互联网向传统领域渗透，"互联网 +"传统领域成熟度不断提高（见图 2 – 11）。同时，互联网百强企业在世界范围影响力和品牌知名度也日益提高，百强中有 71 家企业在全球各主要资本市场挂牌交易。在按照市值排名的全球前 30 大上市互联网公司行列中，有 12 家来自中国，其中 4 家入围全球互联网企业前 10 名（见表 2 – 3）。百度、阿里巴巴、腾讯（BAT）等部分平台级互联网企业已成长为国际一流互联网企业，引领中国平台经济发展。

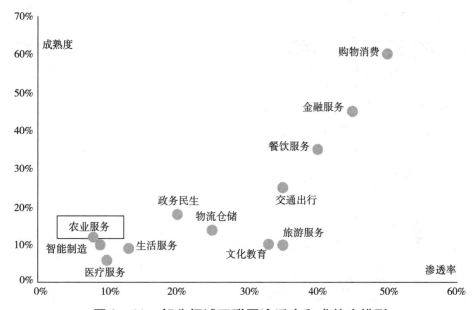

图 2 – 11　部分领域互联网渗透率和成熟度模型

资料来源：工业和信息化部电子科学技术情报研究所。

表 2 – 3   2015 年中国互联网百强企业前 15 位

排名	企业	上市地	2015 年营业收入	员工人数	所属领域
1	Alibaba Group 阿里巴巴集团	纳斯达克	972 亿元	34985	电子商务 云计算
2	Tencent 腾讯	港交所	1029 亿元	27690	即时通信 网络游戏
3	Baidu 百度	纳斯达克	664 亿元	43691	搜索引擎
4	JD 京东.COM	纳斯达克	1813 亿元	68109	电子商务
5	360 www.360.com	纽交所	133 亿元	5738	网络安全 搜索引擎
6	搜狐 SOHU.COM	纳斯达克	125 亿元	10600	网络视频 网络游戏
7	網易 NETEASE www·163·com	纳斯达克	147 亿元	11004	门户网站 网络游戏
8	新浪网 SINA.com.cn	纳斯达克	57 亿元	8021	门户网站 社交网络
9	ctrip 携程	纳斯达克	103 亿元 *	32200	在线旅游
10	房天下 Fang.com 搜房控股有限公司旗舰网站	纽交所	57 亿元	11642	在线地产
11	鹏博士集团 DR.PENG GROUP	上交所	84 亿元	39572	网络接入

排名	企业	上市地	2015 年营业收入	员工人数	所属领域
12	完美世界 PERFECT WORLD	退市	48 亿元 *	5378	网络游戏
13	YOUKU 优酷 世界都在看 土豆 tudou.com	纽交所	59 亿元 *	2797	网络视频
14	唯品会 vip.com	纽交所	402 亿元	16919	电子商务
15	金山 KINGSOFT	港交所	55 亿元	5296	网络游戏应用软件

注：2015 年度营业收入为预测值。

资料来源：中国互联网协会、Wind 资讯、工业和信息化部电子科学技术情报研究所。

三　骨干企业创新能力增强

中国 IT 产业创新指数保持较快提升，创新成为 IT 产业发展的重要推力。中国 IT 产业创新指数与美国、日本、韩国、英国、德国仍有一定差距（见图 2 - 12）。但是，近几年中国政府高度重视创新发展。中共十八届五中全会将创新作为五大新发展理念（创新、协调、绿色、开放、共享）之首，全会认为"坚持创新发展，必须把创新摆在国家发展全局的核心位置，不断推进理论创新、制度创新、科技创新、文化创新等各方面创新"，提出"实施网络强国战略，实施'互联网 +'行动计划，发展分享经济，实施国家大数据战略"等，将 IT 产业创新发展提升至国家战略层面。2015 年，中国 IT 产业创新指数较上年提高3. 7 分，达到 65. 9 分，高于 IT 产业发展指数，创新驱动成为中国 IT 产

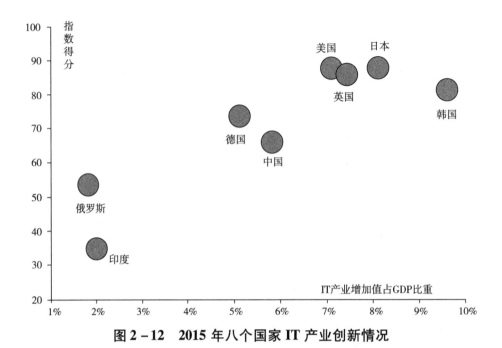

图2-12　2015年八个国家IT产业创新情况

资料来源：工业和信息化部电子科学技术情报研究所。

业发展的重要推力（见图2-13）。不断加大研发投入是取得上述成绩的重要因素之一。OECD的数据显示，2015年，仅日本和俄罗斯研发投入（R&D）占GDP比重出现增长，美国、德国、韩国和英国的R&D占GDP比重均不同程度出现下滑，中国则保持不变（见图2-14）。考虑到中国GDP继续保持中高速增长，中国R&D经费增速仍然稳居前列。

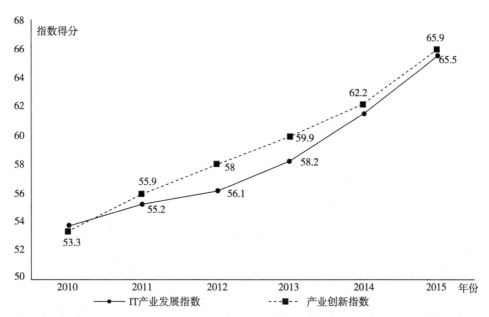

图 2 – 13　2010~2015 年中国 IT 产业发展指数和产业创新指数对比

资料来源：工业和信息化部电子科学技术情报研究所。

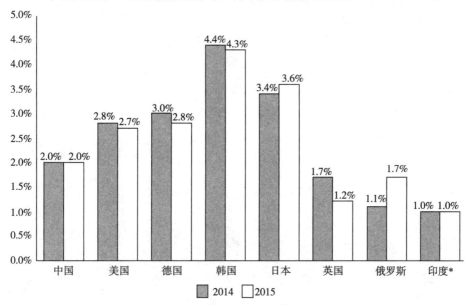

图 2 – 14　2014 年和 2015 年八个国家 R&D 投入占 GDP 的比重

注：OEDC 未收纳印度 R&D 数据，此处印度数据为综合各类文献估计的值。

资料来源：OECD。

骨干企业创新意识提高，研发投入迅速增加。2015 年（第 29 届）电子信息百强（电子百强）企业研发投入合计达 1237 亿元，较上届增长 17.7%，研发投入占比 5.5%，高出全行业平均水平 3 个百分点。电子百强企业研发人员较上届增加 4 万人，达到 34 万人，占全部从业人员的比重超过 20%。截至 2014 年年末，电子百强企业累计专利总量达 17.6 万件；其中发明专利 10.8 万件，占比超过 60%。2015 年（第 14 届）软件业务收入前百家（软件百家）企业投入研发经费总额达到 837 亿元，占企业主营业务收入的 7%，比上届增长 20%，高出软件行业平均水平 0.6 个百分点，其中四成以上企业的研发投入比超过 10%，个别企业研发投入比接近 20%；软件百家企业从事研发的人员数接近 32 万人，占总从业人员数的 40%，与上届相比增长 7%，软件著作权数年递增超过 25%。集成电路布图设计登记申请和发证持续增长，2015 年中国集成电路布图设计登记申请量和发证量分别达到 2058 件和 1800 件，同比增长 12.0% 和 15.9%（见图 2-15）。

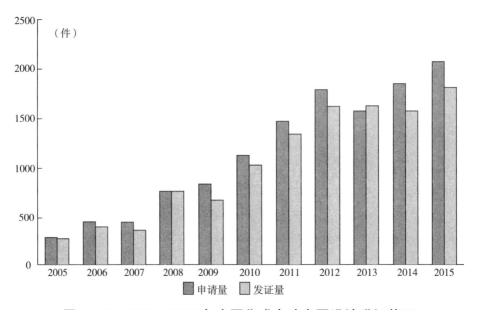

图 2-15　2005～2015 年中国集成电路布图设计登记状况

资料来源：国家知识产权局。

IT 企业专利国际化布局加速，但是核心技术专利布局仍显不足。2015 年，我国知识产权取得新进展，我国发明专利申请受理量继续保持稳步增长，发明专利年度申请受理量首次超过 100 万件，企业知识产权主体地位持续稳固。在专利授权量前十位企业中有六家为 IT 企业，其中中兴、华为、京东方分别以 2673 件、2413 件和 1115 件专利授权位列第二、第三和第五位。PCT 专利申请受理方面，2015 年中国企业 PCT 专利申请受理量前十位全部为 IT 企业（见表 2-4）。虽然，近些年我国 IT 企业专利申请和授权量取得了较大增长，但是在半导体、基础通信程序等技术领域专利集中度还有明显不足。此外，2015 年，IT 领域关键技术和应用取得突破，18 项研究和应用成果获得国家科学技术奖励，其中南昌大学和晶能光电等联合研发的"硅衬底高光效 GaN 基蓝色发光二极管"获得国家技术发明奖一等奖（见表 2-5）。

表 2-4　2015 年中国企业 PCT 专利申请受理量前十位

排名	国内企业名称	申请受理量（件）
1	华为技术有限公司	3538
2	中兴通讯股份有限公司	3150
3	京东方科技集团股份有限公司	1414
4	深圳市华星光电技术有限公司	1185
5	小米科技有限责任公司	546
6	腾讯科技（深圳）有限公司	365
7	宇龙计算机通信科技（深圳）有限公司	269
8	百度在线网络技术（北京）有限公司	220
9	北京奇虎科技有限公司	218
10	深圳市大疆创新科技有限公司	210

资料来源：国家知识产权局。

表2-5 2015年中国IT领域国家科学技术奖励情况

编号	项目名称	完成单位	获奖类型
1	硅衬底高光效GaN基蓝色发光二极管	南昌大学、晶能光电等	国家技术发明奖一等奖
2	高速并联机器人关键技术及工程应用	天津大学、云南安化等	国家技术发明奖二等奖
3	天线多频技术及在多模移动终端的应用	北京邮电大学、华为公司等	国家技术发明奖二等奖
4	基于网络的软件开发群体化方法及核心技术	国防科大、北京大学等	国家技术发明奖二等奖
5	面向社区共享的高可用云存储系统	清华大学	国家技术发明奖二等奖
6	高能效动态可重构计算及其系统芯片关键技术	清华大学、深圳国微等	国家技术发明奖二等奖
7	大规模网络流媒体服务关键支撑技术	华中科技大学、融创天下等	国家科技进步奖二等奖
8	32位星载容错控制计算机系统关键技术及应用	北京控制工程研究所、中科院计算所	国家科技进步奖二等奖
9	基于大数据的互联网机器翻译核心技术及产业化	百度公司、中科院自动所等	国家科技进步奖二等奖
10	支持批量定制生产的数字化车间动态管控平台及装备研发与应用	中科院沈阳自动所、沈阳新松等	国家科技进步奖二等奖
11	在线社交网络分析关键技术及系统	国防科大、湖南蚁坊软件等	国家科技进步奖二等奖
12	普适计算软硬件关键技术与应用	清华大学、东软集团等单位	国家科技进步奖二等奖
13	车辆联网感知与智能驾驶服务关键技术及应用	北航、清华、北京九五智驾等	国家科技进步奖二等奖
14	多系统多频率卫星导航定位关键技术及SoC芯片产业化应用	和芯星通	国家科技进步奖二等奖

编号	项目名称	完成单位	获奖类型
15	大容量、智能化光传送网（OTN）技术创新与产业化	华为公司、中国移动等	国家科技进步奖二等奖
16	高性能超强抗弯光纤关键技术、制造工艺及成套装备	烽火通信、武汉邮科院	国家科技进步奖二等奖
17	高清视频网络化即时服务技术与应用	上海交大、北京世纪睿科等	国家科技进步奖二等奖
18	国家数字城市地理空间框架技术体系构建与应用	中国测绘科学研究院、北京超图等	国家科技进步奖二等奖

资料来源：科学技术部。

　　骨干企业规模不断扩大，盈利能力持续增强。2015年（第29届）电子信息百强企业数据显示，电子百强企业2014年实现主营业务收入2.3万亿元，同比增长13.3%，实现利润总额1416亿元，同比增长18.6%。电子百强前三名的华为、海尔和中国电子（CEC）收入规模均超过2000亿元，入围门槛较上届提高了11.5亿元，达到36.2亿元。2015年（第14届）中国软件业务收入前百家企业数据显示，软件百家企业在2014年实现软件业务收入共计5311亿元，比上届增长10.2%，占全国软件业务收入的比重提升至14.3%（见图2-17），入围门槛首次突破10亿元，达到10.5亿元。其中，华为、海尔、中兴分列前三位，软件业务收入分别达到1482亿元、408亿元和400亿元。软件百家企业实现利润总额1028亿元，比上届增长13.8%，平均主营业务利润率8.7%，比上届提高0.7个百分点。

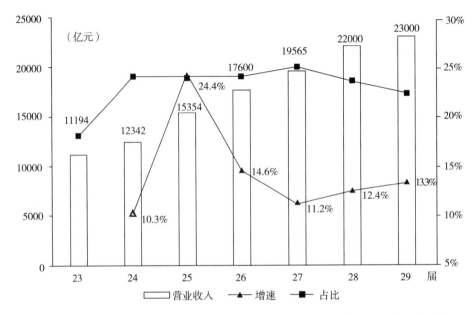

图 2-16　第 23~29 届中国电子信息百强企业营业收入、增速及占比

资料来源：工业和信息化部。

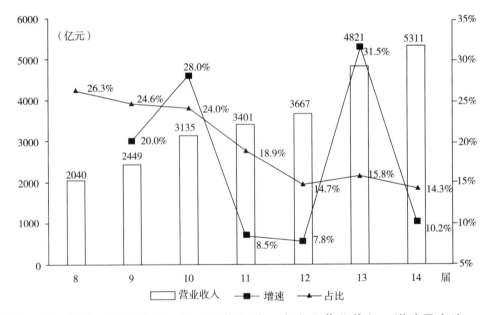

图 2-17　第 8~14 届中国软件业务收入前百家企业营业收入、增速及占比

资料来源：工业和信息化部。

电子信息产品竞争力增强，全球市场占有率提高。电信和网络设备方面，华为 2015 年营收超过 3900 亿元（约合 600 亿美元），同比增长 35%（按美元计算为 28.5%），继蝉联全球最大电信设备商之后，正式成为全球最大网络设备商。中兴通讯预计营收将达到 155 亿美元，同比增长 18.3%（见图 2 – 18）。

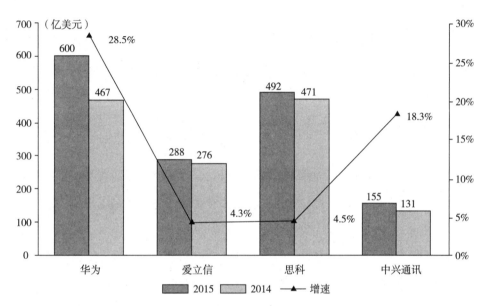

图 2 – 18 2014 年和 2015 年全球重点通信和网络设备厂商营收情况

注：各公司营收按年末本币对美元汇率计算，可能与各公司公布增速有所差异。
资料来源：各企业财报。

PC 方面，2015 年联想 PC 出货量超过 5700 万台，下降 3.1%（见图 2 – 19），但市场占有率提升至 19.8%，继续保持全球最大 PC 厂商地位。未来，随着中国华为和小米推出 PC 产品，全球 PC 领域的竞争将不断加剧，产业格局可能改变。

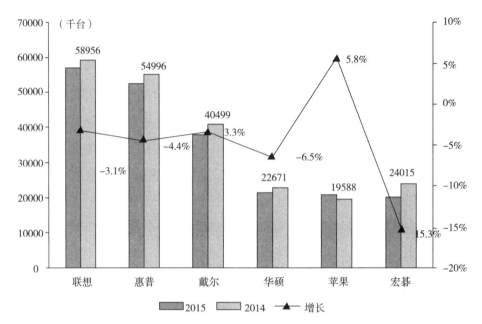

图2-19 2014和2015年全球五大PC厂商出货量及增速

资料来源：高德纳。

国内智能电视保持高速增长。工业和信息化部的数据显示，2015年，全国生产彩色电视机1.45亿台，同比增长2.5%，其中智能电视为8384万台，同比增长14.9%。VitsView的数据显示，2015年全球五大液晶电视机厂商出货量排名中，TCL和海信的排名分别较上年提升一位，分别位于第三位和第四位（见表2-6）。

此外，国产智能手机厂商市场份额进一步提高。Strategy Analytics和Trendforce的数据均显示，华为、小米、联想的智能手机出货量均进入全球前五位，其中华为的出货量超过1亿部。国产智能手机在不断扩大市场份额的同时，也在积极向高端智能手机拓展。IDC的数据显示，2015年，华为高端智能手机销售良好，并将其智能手机的平均售价提高至213美元，未来还将继续增加200～500美元区间的高端智能手机。

表 2 – 6 2014 年和 2015 年全球五大液晶电视品牌厂商出货排名

品牌厂商	2015 年		2014 年		增长率
	排名	出货量（百万台）	排名	出货量（百万台）	
三星	1	47.9	1	48.5	– 1.2%
LG	2	29.4	2	31.9	– 7.8%
TCL	3	13.1	4	13.1	0.2%
海信	4	12.8	5	12.6	1.6%
索尼	5	12.1	3	15.0	– 19.3%
其他		99.7		95.2	4.7%
合计		215.0		216.3	– 0.6%

资料来源：VitsView。

四 产业环境持续优化向好

政府出台系列促进 IT 产业发展的政策，产业发展环境持续向好。2015 年，中国政府高度重视 IT 产业发展，继续实施简政放权和加强市场环境建设，政府后出台了《国务院关于促进云计算创新发展培育信息产业新业态的意见》《国务院关于印发〈中国制造 2025〉的通知》《国务院关于积极推进"互联网＋"行动的指导意见》《国务院关于印发促进大数据发展行动纲要的通知》等多项政策文件，旨在大力发展智能制造、云计算、大数据等相关产业，以适应经济发展新常态，推动产业升级和转型。同时，加强信息经济建设与"一带一路"国家战略结合，构建"一带一路"沿线 10 国空间信息走廊，通过互联互通，实现天地一体化，让空间信息更好地服务于各国经济社会发展。中国 IT 产业环境以 69.8 的得分位居第六位（见图 2 – 20），较上年提高 1.1 分

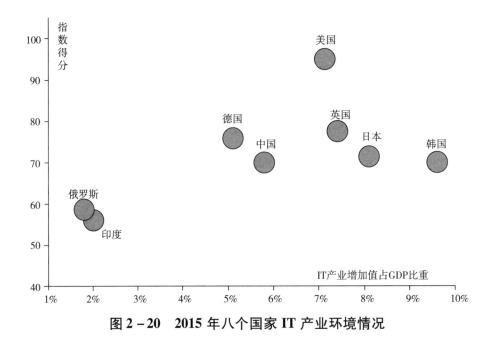

图2-20　2015年八个国家IT产业环境情况

资料来源：工业和信息化部电子科学技术情报研究所。

（见图2-21）。从全球IT产业发展环境看，美国仍然以95的得分高居榜首，其巨大的经济总量、完善的政策法规体系和活跃的投融资为IT产业发展提供了良好的产业环境。英国、德国、日本分别在经济总量、政策环境和应用深度等方面具有一定的优势，分别以77.5分、76.0分和71.4分位居第二位到第四位。

国内市场空间巨大和信息化建设水平提升为IT产业创造良好发展环境。一方面，中国的GDP继续保持较高增速，为国内IT产业发展创造巨大需求。IMF的数据显示，2011～2015年中国GDP增速始终大幅高于全球、发达经济体和发展中国家平均增速，预计未来较长一段时间，中国GDP增速仍将保持在6%以上（见图2-22），这将为中国IT产业创造巨大的发展空间；另一方面，GDP的高速增长过程中，智慧城市建设、社会精细化管理、生产领域效率提升等需求不断显现，必须更加重视信息化建设的重要性，智能电网调度控制系统、大型枢纽

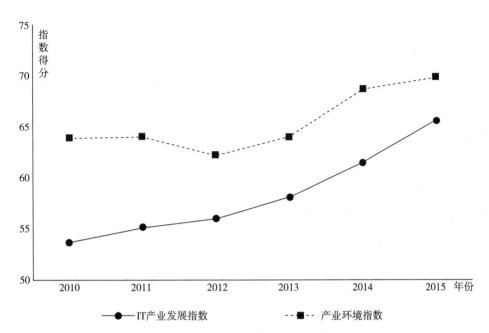

图 2-21　2010~2015 年中国 IT 产业发展指数与产业环境指数对比

资料来源：工业和信息化部电子科学技术情报研究所。

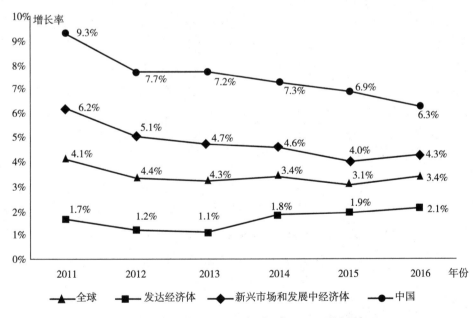

图 2-22　2011~2016 年全球 GDP 增长情况

资料来源：IMF：*World Economic Outlook*。

机场行李分拣系统、千万吨级炼油控制系统等一批重大应用的落地提升了IT产业软硬件综合能力和解决方案提供能力。这些都为IT产业与生产、生活各领域融合发展提出了更高要求，为IT产业发展提供了土壤和环境。

投融资环境进一步优化，IT产业获得资本市场高度认可。一是并购数量持续增加。2015年，中国IT产业并购案例（包括部分股权收购）达到842起，同比增长28.4%，已披露并购金额案例708起，涉及金额2167亿元，平均并购金额仅为3.06亿元，同比下降40.8%。（见图2-23）。

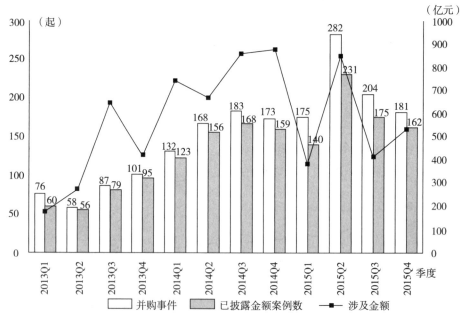

图2-23 2013Q1～2015Q4中国IT产业并购案件

资料来源：工业和信息化部电子科学技术情报研究所。

二是风险投资数量和涉及金额暴增，线上线下结合（O2O）成为关注热点。在风险投资机构大力追捧下，2015年IT产业风险投资规模再创新高，全年投资案例 1477 起，同比增长 115.1%，其中已披露金额的案例为 915 起，涉及金额高达 1758.4 亿元，同比增长 291.9%（见图 2-24）。全年有 27 起投资案例涉及资金不低于 10 亿元，且涉及金额最高的 3 个案例全部属于 O2O 领域（见表 2-7）。

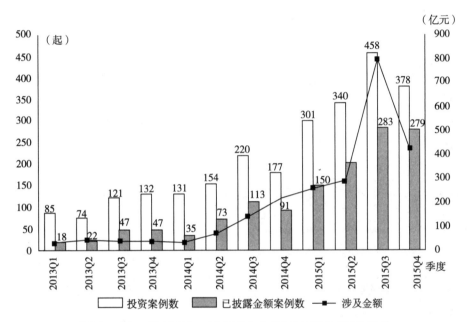

图 2-24　2013Q1～2015Q4 中国 IT 产业投资案件

资料来源：工业和信息化部电子科学技术情报研究所。

表 2-7　2015 年中国 IT 产业重大投资案例

序号	融资企业	投资金额（亿元）	行业领域
1	滴滴出行	229.5	互联网软件与服务
2	美团网	138.6	互联网软件与服务
3	饿了么	93.4	互联网软件与服务
4	易车	49.6	互联网软件与服务
5	魅族通讯	41.6	通信设备
6	乐视移动	33.9	互联网软件与服务
7	去哪儿	32.0	互联网软件与服务

续表

序号	融资企业	投资金额（亿元）	行业领域
8	优信二手车	25.6	互联网软件与服务
9	同程网	24.2	互联网软件与服务
10	中兴微电子	24.0	电子元件
11	百姓网	22.0	互联网软件与服务
12	借贷宝	20.0	互联网软件与服务
13	微鲸科技	20.0	互联网软件与服务
14	宝宝树	19.2	互联网软件与服务
15	58到家	19.2	互联网软件与服务
16	挂号网	19.2	信息科技咨询及其他
17	猪八戒	16.0	互联网软件与服务
18	百度外卖	16.0	互联网软件与服务
19	百合网	15.0	互联网软件与服务
20	房多多	14.3	互联网软件与服务
21	交大微联	13.2	电子设备和仪器
22	盘石股份	12.8	互联网软件与服务
23	中粮我买网	12.8	互联网软件与服务
24	蘑菇街	12.8	互联网软件与服务
25	秒拍	12.8	互联网软件与服务
26	车猫网络	12.0	互联网软件与服务
27	飞凡网	10.0	信息科技咨询及其他

资料来源：工业和信息化部电子科学技术情报研究所。

三是IT企业IPO高歌猛进，境内市场成为首选。2015年境内市场对以IT企业为代表的科技企业给予了较高的估值。受此影响，越来越多的IT企业放弃赴美IPO而选择境内市场。据统计，2015年中国IT领域新增上市企业55家，比上年多14家，其中在境内上交所和深交所IPO企业40家（见附录2），共计融资170.8亿元，平均每起IPO案例融资4.27亿元；在纽交所和纳斯达克IPO企业仅有3家（上年同期11

家），共计融资 2.25 亿美元，平均融资额仅 7500 万美元；在港交所 IPO 企业 12 家，共计融资 33.2 亿港元，平均融资额为 2.77 亿港元。

五　IT 对经济社会作用加大

中国 IT 产业辐射能力持续提升，IT 与各产业深度融合发展。长期以来，辐射能力不足一直是制约中国 IT 产业发展的重要方面。随着 IT 在经济结构转型升级中的作用不断凸显，产业各领域高度重视 IT 应用，不断与 IT 融合发展，IT 产业辐射指数出现加速提升态势（见图 2 - 25）。国际电信联盟（ITU）发布的《衡量信息社会报告 2015》数据显示，韩国、英国、日本、德国和美国的信息与通信技术发展指数（IDI）得分分别达到了 8.93、8.75、8.47、8.22 和 8.9，而中国仅为 5.05，全球排名第 82 位，但是与上年相比，中国 IDI 指数得分提高了 1.36 分，排名提高了 5 位。世界经济论坛发布的《2015 全球信息技术

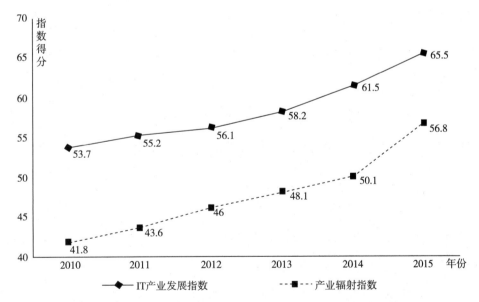

图 2 - 25　2010～2015 年中国 IT 产业发展指数与产业辐射指数对比

资料来源：工业和信息化部电子科学技术情报研究所。

报告》显示，中国的信息技术社会和经济影响力指数较上年提高0.33分，达到4.0分，排名第47位，较上年提高9个名次。从全球看，2015年美国不断加大大数据、云计算和工业互联网领域的投资和支持力度，推动网络与信息技术研发计划（NITRD），生产生活各领域信息化水平不断提高，其IT产业辐射指数较上年提高2分，达到84.2分，略高于韩国的82.0分，紧随其后，依次为德国、日本和英国，中国以56.8的得分位于第六位，较上年提高6.7分（见图2-26）。

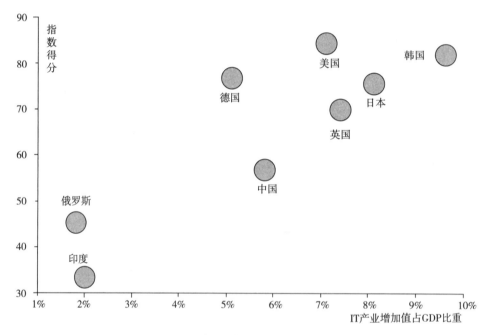

图2-26 2015年八个国家产业辐射指数情况

资料来源：工业和信息化部电子科学技术情报研究所。

IT成为推动中国社会加速从工业社会向信息社会转型的重要力量。国家信息中心发布的《中国信息社会发展报告2015》显示，2015年中国信息社会指数（ISI）达到0.4351（见图2-27），处于从工业社会向信息社会加速转型期，预计到2020年前后ISI将达到0.6，整体进入信息社会初级阶段。在此过程中，IT将成为以信息经济、网络社会、在线政府和数字生活为核心的信息社会四大领域的核心支撑和重要动力。

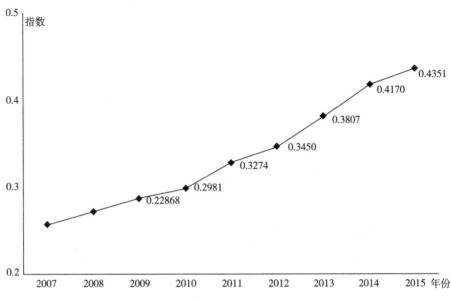

图 2 – 27　2007～2015 年中国信息社会指数发展趋势

资料来源：国家信息中心。

IT 产业发展有效支撑制造强国战略实施。当前，制造业发展正朝着分工细化、协作紧密的方向发展，IT 已经深入渗透至设计、生产、销售等各个环节，并不断推动制造业生产方式向智能、精细和柔性转变，IT 与制造业结合、工业化和信息化深度融合成为智能制造战略的关键。同时，云计算、大数据、物联网等 IT 技术是以工业互联网为核心的智能制造的基础之一，有助于发展众包设计、众包测试、云制造等新型制造模式，推进生产过程智能化，构建新型制造体系，以及实现制造业向服务业转型等。例如，成衣制造商红领集团基于互联网平台，利用云计算和大数据实现个性化成衣定制，目前可以提供超过1000 万亿种设计组合和 100 万亿种款式组合供用户选择。航天云网是航天科工集团打造的一家"互联网＋"智能制造的平台企业，该平台聚集了航天科工集团各类设计、生产、制造、研发工具，为制造业企业提供云制造服务和产业链上下游协同服务。自2015年6月成立到2016年2月底，航天云网注册企业用户达到5.5万家，涉及领域包括装备制造、电气机械及器材制造、通信、金属制造和纺织业等。

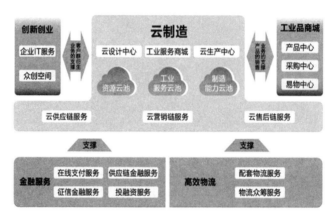

图2-28 航天云网云制造平台

资料来源：航天云网。

"互联网+"加速能源领域全产业链转型和创新。国家发展和改革委员会、国家能源局与工业和信息化部联合发布的《关于推进"互联网+"智慧能源发展的指导意见》指出，"互联网+"智慧能源是一种互联网与能源生产、传输、存储、消费以及能源市场深度融合的能源产业发展新形态，是推动能源革命的重要战略支撑，对提高可再生能源比重，促进化石能源清洁高效利用，提升能源综合效率，推动能源市场开放和产业升级，形成新的经济增长点，提升能源国际合作水平具有重要意义。2015年，能源基础建设企业中国电力建设集团借助IBM云计算平台建设"电建云"，打通能源建设行业分立的产业模块，以互联网服务方式实现能源行业及集团产业上下游整合，从而构建以贯穿行业应用到基础设施即服务的大数据云平台，推动"互联网+"能源战略。能源运营企业国家电网发布了名为"信息通信新技术推动智能电网和'一强三优'现代公司创新发展行动计划",即国家电网"互联网＋"路线图,提出推进大数据、云计算、物联网和移动互联等新技术在智能电网和"一强三优"现代公司建设中的创新应用。南方电网也发布了"互联网＋"充电基础设施,提高充电服务的智能化水平,提升运营效率和用户体验,促进电动汽车与智能网络的能量和信息双向互动的战略。

IT 加速农业现代化进程,提升农业生产效率。农业现代化是"四化"并举和"四化"协同的重要方面,国家高度重视应用信息技术推进农业现代化建设。2015 年中央一号文件指出,要"建立全程可追溯、互联共享的农产品质量和食品安全信息平台""加快农村信息基础设施建设和宽带普及,推进信息进村入户"等。2016 年中央一号文件提出,"大力推进'互联网＋'现代农业,应用物联网、云计算、大数据、移动互联等现代信息技术,推动农业全产业链改造升级"。农业部的数据显示,包括 IT 在内的农业科技对粮食增产的贡献率达到 76.9%。南宁相思葡萄农业科技有限公司 2015 年推出"智能农业监控系统",采用物联网、移动互联网、云计算技术,实现对农业生产现场气象、土壤、水源环境的实时监测,并对大棚、温室的灌溉、通风、降温、增温等农业设施实现远程自动化控制,不仅可以精细化管理葡萄种植环境,还能降低葡萄种植的人力成本。以相思葡萄南宁葡萄园为例,在使用信息系统之前,平均每 12 亩葡萄园需要 1 名管理员和 3 名种植工人进行作业和手动记录各类数据。引入系统后,通过手机远程管理,葡萄园取消了管理人员,并减少 1 名工人。另外一个值得关注的例子是农村电商。随着网络宽带进村入户的开展,农村信息化基础设施不断优化,农村电商发展迅猛。截至 2015 年年底,阿里巴巴已经在 200 个县建设了 1 万个农村淘宝服务站;京东的县级服务中心已经超过 600 个,京东帮服务站超过 1100 个,招募的乡村推广员多达 12 万人;苏宁已经建成苏宁易购服务站一千多家,并启动点上扶贫"双百计划";中国邮政仅在陕西就新建村级服务点 3000 个,并同时加大在山东、河南建设规模。一些地方企业也在加大农村电商布局。浙江的"赶街"大举出省扩张，即将覆盖到1万个村；山西的"乐村淘"也向邻省输出模式，村级站点达到万余个；还有淘实惠、村掌柜等多个类似的农村电商平台纷纷成立，下乡宣传推广的互联网企业已经达六十多家。

第三章 2016 年及未来中国 IT 发展展望

2016 年是我国全面建成小康社会决胜阶段的开局之年，也是推进结构性改革的攻坚之年。IT 产业将以"创新、协调、绿色、开放、共享"新发展理念为指引，加强供给侧结构性改革，保持强劲发展动力。具体来看，IT 将引领以分享经济、创新创业、服务创新为代表的经济发展新常态，形成动能接续转换的强劲引擎；随着云计算、大数据的基础设施属性不断增强，5G、虚拟现实、增强现实、区块链等技术或将推动产业重构；以无人机、无人驾驶、人工智能为代表的智能科技将大规模应用于生产生活各领域；消费互联网深度整合，制造业与互联网融合将更加深入，产业互联网的春天即将到来；IT 将推动制造业与服务业加速融合，生产性服务业的大力发展将促进产业链价值提升。

一 IT 产业引领经济发展新常态

IT 产业正在成为新旧发展动能接续转换的强劲引擎。李克强总理在《2016 年政府工作报告》中指出，经济发展必然会有新旧动能迭代更替的过程，当传统动能由强变弱时，需要新动能异军突起和传统动能转型，形成新的"双引擎"，才能推动经济持续增长、跃上新台阶。一方面，IT 产业自身的发展壮大是促进新经济发展的动能，在产业规模和出口贸易方面的贡献率将持续增长。另一方面，IT 产业在改造提升传统动能方面将发挥非常重要的作用。随着 IT 对传统行业渗透速度的进一步加快，众多行业的生态将被重构。IT 使要素在国别之间、区域之间、城乡之间自由流动，甚至突破传统产业布局空间限制，形成新的产业空间和创新空间，跨境电商、网上自贸区、农村电子商务蓬勃发展。互联网催生了新兴业态和新的盈利空间，重组财富创造体系，实现主导产业更替演进，带动产业结构不断优化升级。2016年是"中国制造2025"战略实施的第一年。正如工业和信息化部部长苗圩所强调的那样，要实现"中国制造2025"的发展目标，除了工业企业要努力以外，互联网企业要把各自的优势和作用发挥出来。工业大企业要改变过去关起门来搞创新、搞发展的模式，要利用互联网建立开放性的平台，鼓励员工创新，聚集社会资源。

分享经济正在进入快速扩张期。分享经济是IT应用到一定阶段后出现的一种新型经济形态，互联网与生俱来的开放协作特质，营造了乐于创造和分享的基础环境，移动智能终端的普及实现了广大人群的泛在互联，移动支付和基于位置的服务使分享变得简单快捷，大数据分析技术确保了供需双方的精准匹配，社交网络及日渐成熟的信用评价机制培育了新的信任关系。当前，分享经济正在进入快速扩张期，从最初的汽车、房屋分享迅速渗透到金融、餐饮、空间、物流、教育、医疗等多个领域和细分市场，并加速向农业、能源、制造等领域扩张。中国发展分享经济有着明确的现实需求，正如李克强总理在2015年夏季达沃斯论坛上所强调的，"目前全球分享经济呈快速发展态势，是拉动经济增长的新路子"。分享经济不仅能够通过大规模盘活经济剩余而激发经济效益，而且是推动创业创新和供给侧改革的强大动力。腾讯董事会主席兼首席执行官马化腾在2016年两会的提案之一就是关于分享经济的。他认为，随着分享经济的发展，"闲置就是浪费、使用但不购买"的新消费观念将逐步盛行，利用更少的资源消耗，满足更多人群的日常生活需求，为绿色发展、可持续发展提供了条件。中国发展分享经济有着自身独特的优势和有利条件，起步很快，势头很好，在多数领域开始形成与先行国家同台竞争、同步领跑的局面。滴滴出行、途家网、猪八戒网、京东众筹、陆金所等，都是近年涌现出来的市场估值超过 10 亿美元的"独角兽"企业，这些平台型企业正在基于现有的业务逻辑和平台规则培育更大的生态。此外，传统企业顺应分享经济的发展浪潮，主动向分享经济转型，从卖新和卖多向以租代售转型，例如地产商 SOHO 中国推出共享办公 SOHO 3Q、万科推出长租公寓"万科驿"等分享型业务。

"互联网＋"为大众创业、万众创新插上翅膀。以互联网为代表的新一代信息技术，使创新组织模式发生了变化，创新呈现出明显的个人化、小规模、分散式、渐进性特征，创业变成了社会大众人人可及的事情。众创、众包、众扶、众筹等一批集众人之智、汇众人之财、齐众人之力的创意、创业、创投空间如雨后春笋般应运而生。大众创业、万众创新和"互联网＋"结合，能发挥出集众智、汇众力的乘数效应。新的创业者多在互联网为基础的共享平台上，在传统产业与新兴产业跨界融合的领域，实现产品、技术、业态的创新。移动互联网更是草根创业者以小博大的创业"杠杆"。借助开放平台的技术能力，创业者能够快速构建自己的 App 应用，在细分市场聚焦创新、快速迭代、领先对手，形成敏捷开发、唯快不破的创新优势。而商业模式创新将带来传统商业思维和商业逻辑的变革，实现向上向下延伸、跨界和全方位扩张，催生无限商机。在大众创业、万众创新蓬勃发展的大环境下，包括创业指导、创业咨询、创业帮助等在内的创业服务业将迎来发展良机。

互联网金融对产业转型升级和新兴产业发展将发挥重要的驱动作用。互联网金融加快了资金流动，而资本逐利的机制将使得资金流向具有成长性的产业和企业，这将倒逼传统产业改造升级，使那些落后的产业和企业要么通过转型和创新获得生存机会，要么因被资本抛弃而淘汰。同时，新兴产业和创新性企业因其良好的未来前景和可能的丰厚回报吸引资金流入，进而在资本的支持下加快研发创新步伐和市场化步伐。尤其对于创业创新项目，众筹将发挥越来越重要的作用，带来创业创新融资模式的改变。

二 技术创新推动产业重构

云计算、大数据的公共基础设施属性愈加凸显。云计算以及与其一体两面的大数据，正在引发全新的、全球性的、颠覆性的技术革命，将改变全球信息产业格局。云计算将会像电力、高速公路一样，成为未来经济社会的基础设施。只有把强大得超乎想象的计算能力分布到每一个普通用户手中，通过定量和定制化的服务进行对接，使云计算成为公共基础设施时，才能发挥最大效用。然而，数据中心不是云计算，也不是大数据。不少地方发展云计算时先建数据中心，再去寻找用户，这违背了云计算作为公共基础设施的本质属性。

5G将推动万物互联。当前，5G已进入技术准备阶段。ITU将于2016年正式启动5G标准研制，预计2020年进入商用。与4G相比，5G将满足人们对超高流量密度、超高连接密度以及超高移动性的需求，能够提供高清视频、虚拟现实、增强现实、云桌面以及在线游戏等极致业务体验。而且，5G将应用到物联网等领域，与工业设施、医疗器械、医疗仪器、交通工具等深度融合，实现万物互联。5G对整个IT产业的影响深远，电信业会因为5G发生较大变化，甚至是巨变。互联网行业也会发生重大变化，传统的互联网以信息传输为核心，崇尚自由、开放、共享，而5G是一个高速度、低时延、低功耗、万物互联的新体系，以方便、高效、安全、管理为核心，将是智能互联网真正爆发的开始。目前各国正在积极研究推进争抢制高点。韩国推出"未来移动通信产业发展战略"，投资1.6万亿韩元，计划于2020年全面推出5G商用服务。日本计划在2020年东京奥运会前实现5G商用。我国工业和信息化部在2013年牵头成立了MG2020推进组，正式启动了5G标准化研究，2016年1月正式启动5G技术研发试验。同时，三大运营商、华为、中兴、大唐等设备商近年不断加大对5G的投入，华为将在2018年前投入6亿美元用于5G研究和创新。

　　虚拟现实和增强现实技术将改变未来 IT 产品形态。虚拟现实
（VR）和增强现实（AR）技术把虚拟对象带入到真实的物理世界中，
将改变未来电子产品的形态，这是国际 IT 巨头进军该领域的本质所在。
当前，VR 领域主要的硬件厂商有 Oculus、索尼（PlayStation VR）、
HTC（Vive）和三星（Gear VR）等，AR 领域主要有微软（Holo-
Lens）、谷歌（Google Glass）和 Magic Leap 等。2016 年，VR/AR 产品
将进入爆发成长期，新产品将拥有更亲民的定价、更强大的内容体验
和更强大的资本支持。根据投资银行 Digi – Capital 发布的报告，2016
年前两个月，VR 和 AR 公司已经吸引了 11 亿美元投资，比 2015 全年
VR、AR 领域的 7 亿美元投资总额高出了 57%。其中，AR 创业公司
Magic Leap 在新一轮融资中获得 7.935 亿美元投资，阿里、谷歌都参与
了本轮融资。预计完成 C 轮融资后，Magic Leap 的估值至少达到 45 亿
美元，是 2014 年 Facebook 收购 Oculus 时出价 20 亿美元的 2 倍多。国
内 VR、AR 技术还处在发展初期，软件产品的用户习惯尚待培养，硬
件产品多数处于概念阶段，创业企业的实力与国外巨头有很大差距，
基本处于模仿追随阶段。但可以肯定的是，百度等国内互联网巨头
2016 年将在 VR/AR 领域有所动作。

　　区块链技术成为打造价值互联网的基础。比特币的暴涨暴跌把区
块链推上风口浪尖，区块链技术在金融和物联网领域的潜力已被国际
金融组织和 IT 巨头充分认识。2016 年将延续并加速这一趋势，一些实
验室原型将会成为现实。区块链技术是一种去中心化的、无须信任积
累的信用建立范式，本质是分布式结构的数据存储、传输和证明的方
法。区块链技术可以解决在信息不对称的环境下信用背书的问题，有
望建立全球认可的信用体系。从应用场景看，区块链技术首先将被引
入对信任要求高且传统信任机制成本高的领域，如银行、安全、物联
网、股票交易等。银行业可利用区块链技术进行银行数据的安全存储
与转移，并显著降低运营成本。花旗银行、摩根斯坦利等银行巨头已
经与科技公司就区块链技术在金融领域的应用达成共识。在网络安全

方面，虽然区块链的系统是公开的，但其核验、发送等数据交流过程却采用了先进的加密技术，这不仅确保了数据的正确来源，也确保了数据在中间过程不被人拦截，因此，使用区块链技术将有利于提高网络安全性。区块链技术可以完满解决物联网分布式云网络的节点信任问题，由此，所有日常家居物件都能自发、自动地与其他物件、或外部世界进行金融活动，这将有力推动物联网发展。可以预见，基于区块链的互联网金融技术在未来几年将会有杀手级应用出现。

三　智能科技开启崭新时代

智能科技时代开始浮出水面。无论是从技术进展还是从全球科技巨头的动向来看，一个新的 IT 时代——智能科技时代即将到来。2015年，谷歌对企业架构调整后改名为 Alphabet，将 Calico（生命工程相关）、Google Ventures（创新投资部门）、Google X（研发无人驾驶汽车、智能隐形眼镜和提供互联网服务的热气球）等离互联网业务较远的项目或公司归到 Alphabet 旗下。2016 年 3 月，谷歌人工智能产品阿尔法围棋（AlphaGo）以 4∶1 击败韩国棋手李世石。作为互联网时代的领先者，谷歌的动向预示着时代的改变即将到来：智能科技时代将取代互联网时代。从技术来看，以"WAR"（W 代表无人机、无人驾驶汽车等交通工具和虚拟现实，即 Vehicle 和 VR；A 代表人工智能 AI；R 代表机器人 Robot）为代表的核心技术已取得令人惊奇的进展，将迎来更大的突破，走向应用和产业化。

无人驾驶成为汽车发展方向。自 2012 年谷歌获得美国首个无人驾驶汽车许可证以来，汽车厂商和 IT 企业纷纷开展无人驾驶汽车项目或相关技术研发。经过几年的发展，汽车智能化水平不断提升，无人驾驶领域不少技术取得突破。出于对安全和减轻驾驶压力的需求，再加上当前汽车领域绝大部分重大创新都是以新的电子系统为基础，无人驾驶有非常好的前景。据百度 CEO 李彦宏预测，2020 年前无人驾驶汽车将进入商用阶段。百度无人驾驶汽车在第二届世界互联网大会上的惊艳亮相，让人相信未来几年无人驾驶技术将逐步成熟。而在完全无人驾驶的汽车走向市场之前，驾驶辅助系统将起到重要作用，成为一个重要技术趋势，将为未来车辆无人驾驶以及车路全自动运行提供技术支撑。

无人机的自主控制水平将不断提升。当前的无人机要依靠地面人员的操作，还属于一个听从人类指令而被动行动的工具，极易因通信受干扰导致任务失败，也缺乏自主避障能力。未来人工智能和群体智能优化等技术将应用到无人机中，无人机将越来越智能化，自主控制水平不断提升，将具有主动判断能力和感知能力。美国已提出无人机的智能化路线图，计划在 2020 年到 2025 年间研制出可替代 F－15 的智能化无人战斗机。

机器学习将推动人工智能突破。人工智能技术在近几年发展迅速，在智能邮件回复、智能聊天、智能客服、智能主持人等方面不断得到应用，并在围棋赛中战胜了人类对手。未来人工智能的发展有望取得更多突破，将更聪明、反应更快、互动更自然，甚至更加个性化，而这些都将与机器学习技术的发展分不开。未来随着数据分析和自然语言处理技术加快进步，机器学习算法将不断提升。在高德纳的 2015 新兴技术发展周期报告中，机器学习已经取代了大数据的位置，成为快速崛起的新兴技术领域。在高德纳的 2016 年十大战略技术预测中，机器学习位列其中。目前，百度等 IT 巨头都形成了自己在人工智能和机器学习等方面的研究力量。工业和信息化部副部长怀进鹏认为，当前全球人工智能领域正处于一个全面发展的时期，尚没有形成世界范围的垄断局面，中国在人工智能和机器学习领域的部署和初步应用已经取得了实实在在的效果，机会和前途非常大。

智能装备和机器人将开始规模化量产。随着劳动力日益短缺，人口红利消失，技术不断进步和产业向高端升级，全球对智能装备和机器人的需求将加速增长。德国"工业 4.0"、美国先进制造计划、日本机器人新战略、"中国制造2025"等国家政策的鼓励和支持，进一步推动了智能装备和工业机器人行业的发展，而且也将带动专业机器人和服务机器人市场快速发展。奥巴马在2016年2月提交国会的一份报告中指出，机器人能显著提升生产力和劳动力增长，占到10%的GDP增长和16%的劳动生产力增长。未来几年，智能装备、智能工厂等智能制造将引领制造方式变革，工业机器人将广泛应用，机器人密度将有大幅度提升，尤其是中国的工业机器人生产和应用增长速度都将居全球前列，应用规模有望在5年内全球第一。同时，机器人技术将开始向服务业和商业转移，生活陪伴型服务机器人和农业机器人将成为市场的新生力军。

四 产业互联迎来发展春天

消费互联网进入深度整合阶段。2015年，BAT放缓了扩张的脚步，很多厮杀多年的竞争对手握手言和，从年初的滴滴、快的合并，到58、赶集，再到美团、大众点评以及年末的携程、去哪儿，合并浪潮此起彼伏。2015年的合并潮只是一个开始，中国的互联网企业能够实现盈利的并不多见，更加谨慎的投资人会使越来越多的互联网企业失去外部资金支持。不整合就死亡将成为摆在众多互联网企业面前的一道艰难选题。资本寒冬正在促使消费互联网发展回归正常的商业逻辑，那些没有实质商业内涵、纯粹靠风投"烧钱"维持运营的企业将难以为继。企业要在市场中生存并壮大，终要遵循正常的商业逻辑，靠技术创新和优质服务立足，靠为用户创造价值和产生足够利润前行。

产业互联网的春天已经到来。互联网的发展是一个不断演进的过程，互联网正在从单纯的信息传递向价值传递、价值创造演进。从"眼球"互联网向消费互联网、再向产业互联网方向发展是互联网自身优化升级的过程，这个过程改变了人们的生活方式，进而将会改变产业组织方式。传统产业与互联网结合是大势所趋，传统行业的网络化、智能化革新将培养更高效和更绿色的新业态，机器互联、万物互联将创造巨大能级，不仅有利于传统行业转型升级，也是互联网发展的重大机遇。互联网逐渐由价值传递渠道向价值增值平台转变。互联网与各产业不断融合创新，人与物的联系日益增强，在实现生产和服务最优化的同时，也推动标准和政策的改善。过去的 20 年，是消费互联网的黄金 20 年。未来的 30 年，将是产业互联网的关键 30 年。

制造业与互联网融合将更加深入。制造业与互联网融合发展，会产生新的用户价值，打乱原有的顾客价值链构成，重组、重塑与转型，从而带动整个产业结构和竞争格局的变化。正如习近平总书记所指出的，当今世界，新科技革命和全球产业变革正在孕育兴起，新技术突破加速带动产业变革，对世界经济结构和竞争格局产生了重大影响。互联网与制造业融合，是新一轮科技革命与产业变革的核心特征。以制造业为代表的大工业，如何在互联网时代重塑技术驱动力和产业新格局，成为关注焦点。德国推出了"工业 4.0"，美国叫"工业互联网"，我国叫"中国制造 2025"。这三者本质是一致的，都指向一个核心，就是智能制造。就实施路径而言，美国的"工业互联网"和德国的"工业 4.0"正好相反。美国是以通用电气、IBM 等为主，侧重从软件出发打通硬件；德国是以西门子、库卡等公司为主导，希望可以从硬件打通到软件。中国政府紧盯新一轮产业发展的潮流，推出"中国制造 2025"，寻找机会弯道超车，后发先至。智能制造最主要的特征是信息基础设施的高度互联、控制和反馈的实时性、强大的自学习能力等。智能制造的目的是实现生产活动高度整合，使得工业系统能够像人一样思考和协同工作，特别是满足用户定制化需求的生产技术，将传统的刚性生产模式转变为柔性生产模式。软件是智能制造的核心，是实现并形成生产力的原因。未来，软件技术的优劣将直接决定智能化水平的高低。智能时代所有的工厂都是软件企业，软件定义一切。

五　制造业服务业加速融合

IT是促进制造业与服务业融合发展的黏合剂和推进剂。随着IT技术的应用，制造业服务化已是大势所趋。制造业与服务业融合已经成为现代产业发展的主流趋势，也是推动全球产业升级的主要驱动力量。服务业与制造业之间呈现出融合互动、相互依存的共生态势，不断催生新产业、新业态，服务在企业产品的附加值中占比越来越高，制造企业和服务企业界限越来越模糊。同时，服务业也在加速向制造业渗透和延伸，生产性服务业加速发展。一些服务企业利用其技术、管理、渠道等优势，通过贴牌生产、连锁经营等方式渗入制造企业，或者建立自己的工厂。

IT推动服务创新。云计算、物联网、大数据、移动互联网等新兴IT技术带动了服务业的创新，新的服务理念、服务平台、服务方式和服务模式等不断涌现。随着新兴技术不断成熟，以及在服务领域的应用不断深入，服务创新将呈加速趋势，并驱动各个领域的服务化。同时，IT推动服务向个性化、精细化和精准化方向发展，通过大数据分析，可对消费者画像，提供精准营销和精准服务，并进一步对市场进行细分，针对垂直细分领域提供针对性服务。物联网、移动互联网等技术在金融、保险、物流等服务领域应用，可感知场景、监测过程，并通过与大数据分析结合创新服务模式和服务提供方式，提供精准服务和定制服务。

产业价值链的增值环节越来越多。随着制造业与服务业融合度不断提高，新技术、新业态、新模式不断涌现，促进产业分工更加细化，产业价值链的增值环节变得越来越多，一种产品从开发、生产到营销、配送、维护等，所形成的价值链过程开始分解、整合与重构，产品处于生产制造环节的时间只占少部分，大部分时间处于研发、采购、储存、运营、销售、售后服务等阶段，产业链条更多集中在生产性服务环节。服务的效率、增值空间、利润空间对全产业链的影响很大，成为决定全产业价值增值、利润来源的主要因素，也是全产业控制力的决定因素。未来，企业将更加关注上下游产业链和生态链，关注从设计到维护的产品全生命周期。

第二部分 重点领域篇

第四章 集成电路开启产业发展"新十年"

2015 年，随着国家集成电路产业投资基金和地方产业投资基金陆续进入投资阶段，集成电路产业掀起新的发展热潮。龙头企业先进生产线的投产以及海内外并购等进入加速期，产业信心得到提振，集成电路产业有望进入快速发展的新阶段。

一 国家政策提振产业信心，集成电路销售规模迎来大幅增长

受经济不景气及市场需求结构变化的影响，全球集成电路产业增速进一步放缓。2015 年，全球半导体市场销售规模约为 3352 亿美元，同比下降 0.2%。随着《国家集成电路产业发展推进纲要》的颁布实施，我国集成电路产业信心明显提振，产业发展明显好于全球平均水平。2015 年，我国集成电路市场销售规模达到 3610 亿元，同比增长

19.7%。2016 年是中国"十三五"开局之年，随着国家供给侧结构性改革以及调结构、去产能、补短板等一系列宏观政策的影响，以及汽车电子、医疗电子、物联网等的发展，我国集成电路产业迎来了快速发展的机遇，预计到 2016 年年末市场销售规模将达到 4800 亿元（见图 4 - 1）。

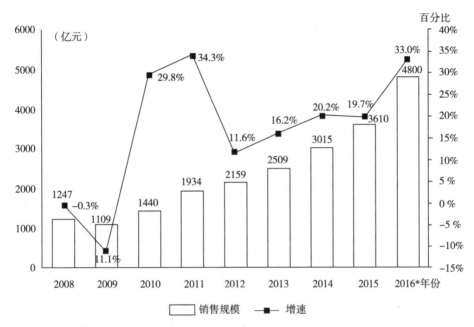

图 4 - 1　2008 ~ 2016 年中国集成电路销售规模

注：2016 年数据为预测值。

资料来源：中国半导体行业协会。

二　28 纳米集成电路规模量产，国产集成电路技术水平不断提升

设计方面，我国先进设计能力已达 16/14 纳米（nm），海思半导体有限公司、展讯通信有限公司等近 10 家集成电路设计公司的 16 纳米产品方案百花齐放。工艺方面，南通富士通微电子股份有限公司 28 纳米

先进封装测试全制程生产线成功量产；中芯国际集成电路制造有限公司28纳米生产线已经投入量产，并且获得了美国高通、美国博通和海思半导体有限公司等芯片商的订单；上海华力微电子有限公司28纳米芯片已流片成功。设备方面，北京北方微电子基地设备工艺研究中心有限责任公司研发的65纳米硅刻蚀机、北京七星华创电子股份有限公司的28纳米氧化炉、北京中科信电子装备有限公司28纳米低能大束流离子注入机等均通过了中芯国际大生产线全流程测试并实现销售。中微半导体设备有限公司开发的介质刻蚀机已被国际一线客户广泛接受，还使美国修改了其出口管制清单，取消了对相关产品的出口限制。此外，国家重大科技专项还加大了对14纳米成套工艺、28纳米浸没式光刻机、新兴存储器等技术和产品的研发力度（见表4－1）。

表4－1　我国集成电路设计、制造、封测主要企业进展

类别	企业	主要情况
设计	紫光集团有限公司	移动通信终端片上系统（SoC）年出货量接近6亿只，全球市场占有率接近30%，稳居世界前三
	海思半导体有限公司	移动智能终端芯片全面应用于华为的整机产品，整体性能比肩国际最先进的同类产品水平；16纳米工艺研发的服务器处理器取得成功
	龙芯中科技术有限公司	龙芯系列处理器在专用市场打开局面，在数控机床等领域获得批量应用
	杭州中天微系统有限公司	CK系列嵌入式微处理器累计出货量已经超过2亿颗，单品应用超过1亿颗，2015年在国产嵌入式处理器市场的占有率超过70%
	北京兆易创新科技股份有限公司	NOR闪存全年出货量超过15亿只，全球市场占有率达到29%，内地市场占有率超过55%。
	澜起科技集团有限公司	动态随机存取存储器（DRAM）缓存控制器芯片全球市场占有率继续保持第一，缓存控制芯片的设计水平处于国际领先地位
	厦门优迅高速芯片有限公司	成功研发出2.5G和10G光通信系列芯片，产品批量进入市场，2.5G芯片的内地市场占有率超过40%；光纤宽带无源光网络（PON）传输芯片的内地市场占有率达到20%，2015年出货量超过3000万颗，累计出货1.3亿颗

续表

类别	企业	主要情况
制造	中芯国际集成电路制造有限公司	使用28纳米多晶硅（PolySion）工艺成功生产美国高通的骁龙处理器
	上海华力微电子有限公司	成功流片联发科技股份有限公司（中国台湾）的28纳米移动通信芯片
封测	江苏长电科技股份有限公司	通过子公司中国长电国际（香港）有限公司投资推进系统级封装（SiP）项目
	南通富士通微电子股份有限公司	收购AMD苏州和AMD槟城，从事高阶集成电路封测业务，提升先进封装产能占比，延伸产品线

资料来源：工业和信息化部电子科学技术情报研究所整理。

三　产业投资与并购成为驱动集成电路产业跨越式发展的重要推力

2015年，全球集成电路产业并购整合加速，全年产业并购额度超过1300亿美元，这一数字超过了之前十年并购金额的总和。我国投资并购也十分活跃，投资方面，初步估计2015年境内集成电路全年完成投资超过1000亿元。其中，国家集成电路投资基金起了重要的引领作用，全年已决策项目25个，承诺投资392亿元，60%以上投向集成电路制造业，同时兼顾集成电路产业设计、封装、测试等其他上下游环节。在大基金的推动下，境内成立了首家专注于硅材料产业及其生态系统发展的平台企业，即上海硅产业投资有限公司，至此大硅片和存储器等长期滞后的领域开始得到实质性的推进。在存储器方面，国家集成电路产业投资基金公司、武汉新芯集成电路制造有限公司、湖北基金公司、北京亦庄开发区就共同出资在武汉建设国家存储器基地项目达成共识，项目总投资将达240亿美元，以武汉新芯集成电路制造有限公司为主体，组建存储器公司，预期实现每月30万片存储芯片的产能规模。并购方面，2015 年中国投资方发起的重大并购多达 9 起（见图 4 - 2），除紫光集团因故终止 38 亿美元入股西部数据公司外，其他 8 项并购涉及资金超过 85 亿美元。

图 4 - 2　2012～2015 年中国集成电路产业主要并购重组案例

资料来源：工业和信息化部电子科学技术情报研究所整理。

第五章 安全可信已成为基础软件 发展的助推器

2015 年，在政府和业界的共同努力下，我国基础软件发展取得新的进展。阿里云操作系统、元心操作系统、WPS 办公软件等成为基础软件发展的亮点，进一步提升我国信息产业自主创新的能力。

一 国产基础软件发展取得新进展

国产基础软件主要包括操作系统、数据库、中间件、办公软件等。在政府资金支持和政策扶持下，软件厂商的不断努力下，2015 年我国基础软件的产品数量不断丰富，产品质量不断提升（见表 5 - 1）。

桌面操作系统方面，中标软件有限公司推出的中标麒麟，重点打造自主可控、安全可信等差异化特性，并已找到了市场突破口。中标麒麟操作系统在 2011～2014 年连续四年位列我国 Linux 操作系统市场占有率第一。中标软件有限公司利用正版销售的要求积极同电脑制造商合作，2015 年在中国戴尔公司销售的电脑 40% 以上预装的操作系统是中标麒麟操作系统。另外一些操作系统也取得不小成绩，2014 年才宣布做操作系统的普华基础软件股份有限公司，基于接收自中科红旗研发团队的力量，在短期内就研发出操作系统产品并打入军队、政府、公安、银行等关键领域。

移动操作系统方面，随着华为、小米等品牌手机的热销，基于安卓系统改造的 EMUI、MIUI 等系统成为国内市场上流行的手机操作系统。此外，在国家"核高基"的大力支持下，自主研发的操作系统也取得进展，北京元心科技有限公司研发了元心操作系统，在 Linux 内核基础上进行了大量安全特性创新和图形系统优化，提供了从硬件适配层到用户体验层的整体安全解决方案，掌握了系统的全部源代码和技术演进方向。元心操作系统通过中国信息安全测评中心 EAL4 认证，可用于国防机构、政府机关、金融企业等关键机构。阿里巴巴网络技术有限公司基于 Linux 研发的操作系统 YunOS，其中核心操作系统功能和组件都是自主研发的，可部署在智能手机、智能电视、智能家居、智能汽车等多种硬件平台上。YunOS 自 2011 年推出，立足于更加个性化、多样化的服务，并与不愿受控于谷歌安卓系统的国内中小企业合作（如纽曼、魅族等二线智能手机生产商），走"农村包围城市"的路线。经过五年突飞猛进的发展，截至 2015 年年底，基于阿里巴巴集团研发的 YunOS 系统的终端设备已超过 3000 万台（根据市场调研公司赛诺的数据），而 2015 年全球搭载 Windows Phone 的设备出货量约 3134 万台，因此，阿里巴巴 YunOS 操作系统成为继安卓、iOS 之后的第三大移动操作系统。

表5-1 国产操作系统及厂商

部署平台	操作系统	研发厂商
桌面/服务器	中标麒麟	上海中标软件有限公司
	普华	普华基础软件有限公司
	深之度	武汉深之度科技有限公司
	优麒麟	CCN 开源创新联合实验室
	一铭	北京一铭软件股份有限公司
	麒麟	天津麒麟信息技术有限公司

续表

部署平台	操作系统	研发厂商
智能手机	YunOS	阿里巴巴网络技术有限公司
	MIUI	北京小米科技有限责任公司
	EMUI	华为技术有限公司
	Flyme	魅族科技有限公司
	VIBEUI	联想集团有限公司
	COS	中国科学院/上海联彤网络通讯技术有限公司
	元心	北京元心科技有限公司
新兴智能终端	YunOS for Wear YunOS for Car YunOS for Work	阿里巴巴网络技术有限公司
	TOS +	腾讯计算机系统有限公司
	LiteOS	华为技术有限公司

资料来源：工业和信息化部电子科学技术情报研究所整理。

在新兴智能终端操作系统方面，国内企业正抓住新兴智能终端尚未形成巨头垄断格局的空档，加快自主操作系统的研发与推广，力图占据市场，进而与智能手机等操作系统实现协同对接构建整体生态。如阿里巴巴网络技术有限公司除了研发支持智能手机的 YunOS 系统外，还推出 YunOS for Wear，YunOS for Car，YunOS for Work 等操作系统，分别应用于可穿戴设备、智能车载设备和行业终端领域，力图打造一个完整的阿里软件生态体系。而腾讯公司推出针对智能手机、智能手表、智能电视和其他互联网硬件设备的统一操作系统 TOS +，对开发者采取免费开放模式，陆续推出一系列智能硬件产品。华为推出了物联网操作系统 LiteOS，作为智能硬件的引擎，可应用于智能家居、可穿戴设备、车联网、智能电表、工业互联网等智能终端。

数据库方面，在银行、电信、能源等关键行业，以达梦、南大通用、人大金仓、神州通用等为代表的国产数据库产品企业抓紧机会迎来增长。武汉达梦数据库有限公司的产品已经在很多关键领域和重点行业得到了广泛应用，最新推出的 DM7.0 数据库取得较大进展，进一步缩小与国外数据库巨头甲骨文（Oracle）的差距。人大金仓依托中国自主可控数据库及数据管理领域，在国家"核高基"等政府重大专项的支持下，研发出与国际主流产品同步的大型通用关系型数据库，并广泛应用在关系国计民生、国防军工等高信息安全领域。天津南大通用数据技术股份有限公司与 IBM 合作，以源代码授权的形式引进 In-formix，在消化吸收源代码的基础上自主构造的新数据库 GBase 8t，并且打入了以华夏银行、兴业银行为代表的金融行业以及贵州移动为代表的电信行业，终结了国产数据库无法支撑核心业务系统的时代。

在中间件方面，以东方通、金蝶、中创软件、普元等为代表的国产中间件企业发展迅速，从原来只能涉及边缘的应用逐渐转变为介入到相对核心的应用，尤其是央企和大型行业的核心业务也开始逐渐接触和使用国产中间件，国产中间件软件在党政、国防、金融等涉及国计民生的行业应用越来越广泛。2015 年，北京东方通科技股份有限公司通过一系列的转型收购，整合了云计算、大数据、移动互联等资源。2015 年 7 月，太极计算机股份有限公司入股金蝶中间件有限公司，强强联手旨在发展自主可控关键技术和产品。

办公软件方面，国产办公软件北京金山软件有限公司的 WPS 一枝独秀，其发展态势几乎代表中国办公软件的市场情况。在用户从桌面不断向移动设备转移的趋势下，金山 WPS 紧跟时代节奏，加快从桌面端向移动端的转移，并取得良好的战果。2015 年年底，金山 WPS 荣获了苹果"App Store 2015 年度精选应用"以及谷歌"Google Play 2015 年度最佳应用"称号，意味着在主流移动平台获得了业界的认可。此外，根据公开的数据显示，近年来 WPS 在政府单位和国资委直属企业的市场占有率超过三分之二，在金融、电力、钢铁、能源等众多行业金山WPS 得到广泛应用。金山 WPS 的桌面版用户高达 5.9 亿，移动版用户数也已经突破了 5 亿。与此同时，WPS 在办公领域不断探索，推出了WPS＋一站式云办公产品及服务，通过公有云或私有云为政府和企业用户提供安全可控的多平台办公解决方案。

二　国产基础软件厂商加大合作力度

当前国外 IT 巨头正在谋求形成一整套生态体系，覆盖从桌面端到移动端的全部硬件平台。特别是微软、谷歌、苹果等巨头，以操作系统为基础构建产业形态，全面布局自己的生态圈。其中，微软的 Windows 系列操作系统可部署在服务器、笔记本、智能手机、游戏机（Xbox）等多种平台，并正在积极推广云端操作系统的应用（Windows Azure）；谷歌以 Android 系统为核心，推出 Android Wear、Android TV、Android Auto、Brillo 等智能终端操作系统，分别应用于可穿戴设备、智能电视、智能汽车、物联网等领域；苹果基于 iOS 系统，推出 CarPlay、Watch OS、HomeKit、HealthKit，意图实现从智能汽车、可穿戴设备、智能家居到健康管理等领域软件生态的统一（见表 5 - 2）。

表 5 - 2　微软、谷歌、苹果生态圈

厂商	系统名称	应用平台	合作厂商或机构
微软	Windows 10 Mobile	手机、平板	宏达等
	Windows 10	桌面	联想、惠普、戴尔、宏碁、三星等
	Windows 10	家庭游戏机	—
	Windows Server	服务器	惠普、戴尔等
	Windows Azure	云服务	—

续表

厂商	系统名称	应用平台	合作厂商或机构
谷歌	Android	手机、平板	三星、小米、华为等
	Chrome OS	桌面电脑	华硕等厂商
	Android Wear	智能手表	LG、摩托罗拉、三星等
	Google Fit	智能手环	耐克、阿迪达斯、英特尔、RunKeeper 等
	Android TV	智能电视	索尼、夏普、飞利浦、TP vision 等
	Android Auto	智能汽车	奥迪、雪佛兰、三菱、大众等品牌
	Brillo	物联网	—
苹果	iOS	手机、平板	—
	Mac OS	桌面电脑	—
	Watch OS	可穿戴设备	—
	CarPlay	智能汽车	法拉利、奔驰、沃尔沃、宝马等汽车制造商
	HomeKit	智能家居	飞利浦、霍尼韦尔、路创电子、西勒奇等
	HealthKit	智能健康	美国梅奥诊所、加拿大西奈山医院等

资料来源：工业和信息化部电子科学技术情报研究所整理。

　　我国基础软件发展取得一定进步，但在软件生态体系建设方面与国外巨头相比还有很大差距。2015 年国内基础软件厂商加大合作力度，在产品兼容性和产业链方面取得一些进展，缩小与国外巨头的差距。一方面，国产基础软件上下游厂商的合作促使产品兼容性极大地改善，国产操作系统已经实现与国产 CPU 的代码级适配，如中标麒麟、普华操作系统同时兼容国产龙芯、申威 CPU，能最大限度地发挥软硬件的性能并确保稳定性，可满足自主可信的应用需要。另一方面，由于我国基础软件相关碎片化现象严重，厂商缺乏市场话语权，因此，整合打造自主可控产业链成为各家厂商的战略。北京东方通科技股份有限公司自 2014 年上市以来，经过一系列的转型收购，整合了云计算、大数据、移动互联等新技术领域的资源，打通了产业链上下游，成为了积极响应国家战略布局、推进 IT 国产化方面的中坚力量。中国电子科技集团（CETC）的一支重要力量普华基础软件有限公司，在中科红旗破产后全面接收研发和销售核心力量，并为原中科红旗的产品提供技术服务。2015 年 7 月，作为 CETC 的另一支重要力量，太极计算机股份有限公司入股金蝶中间件有限公司，加上之前入股数据库厂商北京人大金仓信息技术股份有限公司，也促使 CETC 拥有包括操作系统、数据库、中间件在内的完整体系，进一步完善自主可控产业体系，提升在党政、国防和关键行业安全可靠系统建设的整体竞争力。合作力度的加大带来可喜的效果，金融、电力、石油等关键行业越来越多地倾向使用国产基础软件，如普华操作系统已在中国邮政储蓄银行部署应用，国家电网核心调度系统开始采用武汉达梦数据库有限公司的数据库产品等。

三　国外厂商免费策略带来新的挑战

在桌面操作系统方面，微软公司的 Windows 系统几乎处于垄断地位。根据国际市场研究公司 NetApplications 的统计数据：全球市场来看，2016 年 1 月份 Windows 操作系统以 90.61% 市场份额位居榜首，苹果公司的 Mac 操作系统以 7.68% 市场份额位列第二位，基于 Linux 的各种发型版的操作系统市场份额只有 1.71%。Windows 系列操作系统中，Windows 7 市场份额高达 52.47%，该系统自 2012 年 5 月超越 Windows XP 以来，市场份额一直保持领先位置，尽管 Windows 7 已经进入微软不支持的阶段，但是仍占据大部分市场；Windows 10 市场份额正在快速增长，自 2015 年 7 月发布至今已经增长 11.85%，增长动力源自于微软对 Windows 8 吸取的教训、不遗余力的推广甚至免费升级的策略。处于 Windows 7 与 Windows 10 之间过渡的 Windows 8 操作系统，它的市场份额跌至 13.08%；曾经最普及的 Windows XP 操作系统，市场份额下跌至 11.42%。由于大量旧设备无法更换新的系统，因此，该系统能仍保有一定的市场份额（见图 5-1）。

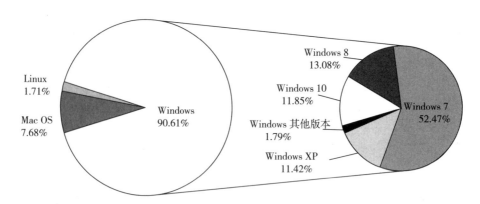

图 5 - 1　全球桌面操作系统市场份额情况（2016 年 1 月）

资料来源：Net Applications。

尽管微软的 Windows 产品几乎垄断了国内外市场，但是过去微软产品定价高，与操作系统厂商定价不冲突，国内厂商尚有发展的空间。随着 2015 年 7 月微软推出首款免费操作系统 Windows 10，微软操作系统产品进入免费时代，这给立足不稳的国产操作系统厂商带来极大的压力，势必影响到国产厂商的积极性。过去微软能通过垄断优势维持较高价格，这主要因为微软的消费者主要来自发达国家且微软的竞争者较弱。然而近年来美国等发达国家经济不景气以及同业竞争的日趋激烈，特别是 PC 市场疲软、移动设备市场的崛起，促使微软改变策略并推出免费操作系统 Windows 10。微软意图借此维持 Windows 系统的影响力，并利用影响力在 Windows 生态圈内的其他方面获益（见表 5 - 3）。

此外，微软还针对中国政府日益提高的安全可控需要，借助合资公司推销产品。2015 年 12 月，微软与中国电子科技集团公司（CETC）成立合资公司，其中微软占 49%、CETC 占 51%。微软试图借助共同研发操作系统进入党政军核心领地，继续维持在中国市场的垄断地位，这势必给国产操作系统的发展带来新的挑战。如果通过合资微软能成功转变外企身份进入党政军采购，将极大地影响国内操作系统生产商。

值得注意的是，如果合资公司的操作系统无法让中国真正掌控核心技术，那么将对国家信息安全构成隐患，也就不适合应部署在政府、国防及其他核心机构。

表 5－3　Windows 操作系统发售价格

产品	发布时间	收费	
Windows XP	2001 年	家庭版：200 美元	专业版：300 美元
Windows Vista	2006 年	家庭高级版：260 美元	旗舰版：320 美元
Windows 7	2009 年	家庭高级版：200 美元	旗舰版：320 美元
Windows 8	2012 年	标准版：120 美元	专业版：200 美元
Windows 8.1	2013 年	标准版：120 美元（中文标准版 988 元人民币）	专业版：200 美元（中文专业版 1988 元人民币）
Windows 10	2015 年	家庭版：119 美元（中文家庭版 888 元人民币）	专业版：199 美元（中文专业版 1799 元人民币）
	注：在 2016 年 7 月 29 日之前，符合条件的 Windows 7 或 Windows 8 设备可免费升级至 Windows10		

资料来源：工业和信息化部电子科学技术情报研究所整理。

四　安全可信成为基础软件发展助推器

安全可信已成为基础软件发展的重要推力。尽管"棱镜门"事件已爆发数年，但它所暴露出来的大规模监听的行为并没有消失。美国在信息技术领域处于垄断地位，目前其他各国主要使用的操作系统几乎都由美国公司研制。为此各国都在信息安全方面加大保护力度，如德国制定了更加严格的信息保护法，俄罗斯要求在政府部门采用本国操作系统。我国主流的操作系统基本都是美国公司研制，考虑到之前伊朗核设施被"震网"病毒破坏，"棱镜门"事件泄露出美国正在利用该国公司的信息产品监控全球，因此，信息产品的安全保障刻不容缓。在这种背景下，我国信息安全重要性被提升到前所未有的高度。2015年1月23日，中共中央政治局审议通过《国家安全战略纲要》，作为国家安全的一个重要领域，信息安全的关注度进一步提升。2015年6月，全国人大常委会审议了《中华人民共和国网络安全法（草案）》，从2015年7月6日起在中国人大网上全文公布，并向社会公开征求意见。由此可见，安全可信被提升到前所未有的高度。基础软件作为国家信息安全的基础，对保障国家信息安全具有重大意义。此外，随着基础软件向云服务迁移的趋势越来越明显，而云计算的发展离不开安全和信任，因此，安全可信成为未来云服务发展的必备要素。面对Windows 10免费升级这一新商业模式的挑战，国产基础软件厂商需紧抓安全可信，加大国产基础软件产品在党政军等领域的推广应用，逐步扩大影响、突破发展瓶颈。

当前，我国已具备的充足的技术和产业基础。长远来看，推动国产基础软件的普及，需要从国家层面加大政策和资金支持。在实现方式上，我国应通过整机带动、应用牵引、生态建设的方式推动基础软件发展，在国防、金融、通信、能源等关键行业内，实施关键主机的国产化替代工程。通过组成包括主机、芯片、操作系统、数据库、中间件、应用软件在内的完整的软硬件产业链，以提高国产基础软件的整体竞争力。对于国产操作系统，需要积极推进党政军等机构安装使用，鼓励互联网企业将其服务移植到国产操作系统上，逐步丰富国产系统和应用软件和服务支持，提升用户体验，吸引更多开发者加入，进一步完善国产操作系统的生态体系。

第六章　网络安全威胁倒逼产业加速发展

信息技术变革与互联网商业模式的转变带来一系列严峻的网络安全问题，针对国家、企业、个人的网络安全事件频发。在全球网络连接日益紧密的今天，网络安全已经上升到国家主权安全的高度，新型网络安全观成为国家战略共识。网络安全威胁倒逼政府相关政策密集出台，并催生巨大的网络安全产业市场空间，引导安全领域资本、企业、技术进入加速发展期。

一　网络安全攸关国家安全，新型网络安全观成为国家战略共识

网络空间已经成为继陆海空天之后的第五大主权领域空间，对我国网络安全提出了严峻的挑战，同时，面对新的信息技术变革，新的互联网商业模式，安全新需求的天平从合规性需求向效果性需求倾斜，这些都迫使我国现有的网络安全保障体系要不断演化，只有进一步完善我国网络安全保障体系，才能更好地捍卫我国网络空间国家主权，才能有效提高我国网络安全能力。2015年9月，习近平主席访美期间亮出网络空间的"中国态度"，指出"中国是网络安全的坚定维护者"，倡导建设"和平、安全、开放、合作"的网络空间；12月，习近平主席在世界互联网大会（乌镇峰会）上就构建"互联互通·共享共治"的网络安全命运共同体发表重要讲话，"尊重网络主权"被列在互联网治理"四项原则"的首要位置，"没有网络安全就没有国家安全"的网

络安全观已成为国家战略共识。与此同时，2015年7月，《中华人民共和国网络安全法（草案）》公开征求意见，实现了我国在网络安全法治化方面里程碑式的突破（见表6－1）。

表6－1　2015年我国有关网络安全政策和立法大事记

时间	主要文件
6月	《中国互联网协会漏洞信息披露和处置自律公约》在京签署
6月	国务院办公厅发布《关于运用大数据加强对市场主体服务和监管的若干意见》
7月	《中华人民共和国国家安全法》颁布实施
7月	《中华人民共和国网络安全法（草案）》公开征求意见
8月	《中华人民共和国刑法修正案（九）》有关信息犯罪的规定
9月	国务院印发《促进大数据发展行动纲要》
11月	工商总局印发《关于加强网络市场监管的意见》

资料来源：工业和信息化部电子科学技术情报研究所整理。

二　网络安全形势日益严峻，网络安全事件频发

在传统行业领域，各类网络攻击、数据泄密和窃取事件频发（见表6－2）。IBM于2015年发布的数据表明，英国平均每家企业因为网络安全问题带来的损失达237万英镑每年，美国的这一数字是1540万美元每年；而我国2015年企业网络安全事件平均数量上升5倍，网络被攻击次数持续上升，58%的企业都受到恶意攻击，和2014年相比，同比增长55%。党政机关、工业控制、金融、电信等领域尤甚，应对高强度连续攻击（APT）已成为确保我国关键性基础设施安全的核心问题。尤为需要注意的是，工控系统的安全问题，网络化浪潮将诸如嵌入式技术、多标准工业控制网络互联、无线技术等新兴技术融合进来，从而拓展了工业控制的发展空间，也带来了工业控制系统的信息安全等问题。在新兴行业领域，现有信息安全保障能力并不能解决新

技术新应用带来的新问题。基于云计算、大数据、物联网等新兴技术的"互联网＋"融合创新所形成的新业态、新模式，给用户带来便利的同时也加剧了网络安全风险，个人信息安全事件剧增，特别是2015年我国云计算产业规模高速增长，上下游产业规模达到3500亿元，作为一项有望大幅降低成本的新兴技术，云计算极大地方便了用户获取信息，但较以往的信息技术也带来了更大的安全风险。O2O领域的火爆程度持续升温，各种O2O企业获得投资的消息不绝于耳，仅2015年5月，主打O2O概念完成融资并被公开报道的公司就超过了30家，总金额超过4亿美元。O2O模式在极大方便了现代人生活的同时，潜在的网络安全问题也浮出水面，例如滴滴出行、饿了么、百度外卖等数十款受众广泛的O2O应用先后被曝出多个安全漏洞。而在蓬勃发展的互联网金融领域，安全问题也频繁发生，2015年1月，红岭创投、深圳平台珠宝贷先后遭遇黑客攻击，网站一度停摆，并且状况持续数个小时；2015年4月，芝麻金融被曝数据库泄露；2015年5月，支付宝出现网络故障引发部分恐慌；2015年6月，信融财富、宝点网、立业贷等多家企业同时遭受黑客攻击。

表6-2　2015年我国部分网络安全事件

时间	网络安全事件
1月5日	机锋科技旗下机锋论坛被曝出存在高危漏洞，多达2300万用户的信息遭遇安全威胁
2月11日	万豪、喜达屋、洲际等七大酒店集团被发现存在严重安全漏洞，可导致顾客姓名、身份证、手机号、房间号、房型、开房时间、退房时间、家庭住址、信用卡后四位、信用卡截止日期、邮件等大量敏感信息泄露
2月27日	国内著名网络摄像头生产制造企业海康威视遭遇"黑天鹅"安全门事件，监控设备存在严重安全隐患，部分设备已被境外IP地址控制

续表

时间	网络安全事件
4月22日	重庆、上海、山西、沈阳、贵州、河南等超30个省、区、市卫生和社保系统出现大量高危漏洞，数千万用户的社保信息可能因此被泄露
5月28日	拥有将近3亿活跃用户的支付宝出现了大面积瘫痪，全国多省市支付宝用户出现电脑端和移动端均无法进行转账付款、出现余额错误、实名认证信息错误等问题
6月15日	多家P2P平台同时遭流量攻击，理财网站访问受影响
8月27日	线上票务营销平台大麦网再次被发现存在安全漏洞，600余万用户账户密码遭到泄露，用户数据在黑产论坛被公开售卖
9月30日	国家旅游局漏洞致6套系统沦陷，涉及全国6000万客户
10月19日	网易过亿邮箱用户数据疑似泄露
11月14日	世界最大的电子玩具生产商之一伟易达集团480万家长及儿童信息泄露
12月10日	《2015年中国政府网站绩效评估总报告》显示，逾九成中国政府网站存在安全漏洞

三 潜在市场空间巨大，产业发展喜忧参半

2015年，国家对网络安全产业的引导和激励进一步加强，以网络安全为核心的网络强国战略将作为"十三五"规划的重要组成部分。工业和信息化部、国家安全生产监督管理总局、国家开发银行、中国平安签署《促进安全产业发展战略合作协议》，拟组建千亿规模安全产业发展投资基金。各领域网络安全产业联盟相继成立。在多重政策利好刺激下，网络安全产业可能迎来黄金发展期。从国际比较、国内产业规模、网络安全产业特点、企业经营情况以及竞争环境等五个方面来看，我国网络安全市场饱和度较低，潜在成长空间巨大，网络安全

产业将迎来增长机遇期。从国际比较来看，2015 年我国网络安全投入占 IT 投入比重约 2%，远远低于欧美国家 10% 左右的水平，差距明显，可发展空间巨大。从产业市场规模来看，2015 年中国的网络安全产业规模达到 700 亿元以上，年均增长率超过 40%，相对传统 IT 产业来说，已经是很高的增长了。但就整体规模而言，还是很小，甚至不如一些 IT 巨头的公司市值，这也意味着网络安全产业还有很大的发展空间。从产业特点来看，网络安全由"产品 + 服务 + 体制"三方共同作用，要以行业技术为背景，由国家政策牵引、其他自组织和监管部门协调下促进行业的健康发展，服务于各传统行业中。未来网络安全的发力领域将是电信、能源、金融、政务及公共安全等，我国目前政府、金融、电信、能源四大行业领域约占整个市场份额 60% 以上，需求上升趋势显著。从企业经营情况来看，2015 年上半年，网络安全行业上市公司整体收入增速达到 43.32%，净利润增速达到 254.36%，网络安全类企业盈利情况良好。从企业竞争环境来看，受"棱镜门"事件影响，为了维护国家和企业网络安全，我国 ICT 产业掀起去 IOE 浪潮，微软、谷歌的国外科技企业在华发展也受到诸多限制，这为国内网络安全企业发展创造了一定的机遇。然而，该领域面临的问题也非常严峻，产业发展面临诸多问题。我国网络安全投入占 IT 总投入比重远远低于欧美国家，不足 1%；国内安全软件及服务市场 35% 来自国外企业；网络安全企业普遍规模不大、自主创新能力不足、产品和服务有效性不清晰，许多核心关键技术仍然掌握在国外高技术公司手中；与此同时，国外企业还试图通过各种途径质疑、规避和突破我国网络安全政策监管进入国内市场。

四 国家重视网络安全技术基础研发，企业技术攻关和创新紧跟发展趋势

2016年2月，网络空间安全作为专项被列入国家重点研发计划，目标是逐步推动建立既"与国际同步"又"适应我国网络空间发展""自主"的网络空间安全保护、治理和网络空间测评分析技术体系。专项下含5个创新链，首批将在5个技术方向启动8个项目，包括创新性防御技术机制研究、天地一体化网络信息安全保障技术等。从企业角度而言，一方面，我国网络安全企业正在利用大数据、云计算和虚拟化平台实现新型安全防护的技术攻关和创新，在云安全、数据安全、可信计算等技术领域取得了一定进展。例如，启明星辰打造以数据为核心的SOC 3.0平台，公安部指导的下一代防火墙标准发布，国民技术公司参与的TPM 2.0标准被正式批准为ISO/IEC国际标准。另一方面，网络安全企业在新型安全业务领域竞争与合作并存。例如，腾讯和启明星辰、阿里云与安恒、普华永道与谷安天下分别在终端安全服务、云安全和安全咨询服务方面达成战略合作；华胜天成在与IBM达成中间件技术合作之后又推出基于IBM POWER技术的国产服务器（见表6-3）。

表6-3 安全技术新兴领域技术及国内外主要厂商

安全技术新兴领域		国外厂商	国内厂商
云安全	流量分析、网格计算、并行处理、虚拟安全等	趋势科技、迈卡菲、卡巴斯基、思科、英特尔、EMC	阿里巴巴、腾讯、山石网科、杭州安恒、网康科技、明朝万达
数据安全	数据加密、自然语言处理、数据迁移等	赛门铁克、迈卡菲、趋势科技、RSA、诺顿	启明星辰、天融信、绿盟科技、神州泰岳、金山毒霸

续表

安全技术新兴领域		国外厂商	国内厂商
APT 攻击检测与防护	网络流量分析、恶意样本分析、网络与终端取证等	FireEye、Bit9、趋势科技、RSA、迈卡菲	360、阿里巴巴、安天、知道创宇、绿盟科技、深信服
威胁情报分析及安全态势	爬虫技术、关键字匹配、机器学习、可视化等	戴尔、赛门铁克、迈卡菲、FireEye、RSA	360、阿里巴巴、知道创宇、安天、微步在线
工控系统安全	兼容协议、轻量级设备、攻击识别、基础防护等	通用、西门子、英特尔、AT&T、三星、三菱	和利时、华为、四方继保、南京自动化、三维力控

资料来源：工业和信息化部电子科学技术情报研究所整理。

五 网络安全企业迅速发展，相关资本市场空前活跃

网络安全企业发展方面，主要网络安全企业 2015 年营收预估值显示，我国 7 家主要网络安全上市公司 2015 年营业收入共计 188.4 亿元，同比增长 41.9%，其中，北信源增速达到 80.8%，奇虎 360 增速为 46.6%（见图 6-1），卫士通和启明星辰增速分别为 31.1% 和 29.7%，显示了迅猛的增长势头。资本市场方面，随着创投机构将目光移向安全领域、安全企业开展前瞻性产业布局、产业基金的相继成立、一批企业上市形成行业示范，我国安全产业融资环境正不断优化完善。一方面，创业投资机构、安全企业担起产业孵化重任。北极光创投在安全领域投资布局近 10 年，2015 年投资云计算提供商云杉网络、威胁情报公司微步在线等企业，同时，启明星辰、绿盟等老牌安全企业近年来也相继投资多家初创企业，为中小企业创新成长提供资金支持。另一方面，在我国严苛的上市条件下，截至 2015 年，已有东软集团、启明星辰、绿盟、天融信等二十多家安全领域公司成功上市融资。值得

注意的是，国内互联网巨头也纷纷加强在安全领域的布局，以期缔造更安全的互联网生态，BAT 三家互联网巨头纷纷出手布局网络安全领域。4 月，百度宣布完成对安全宝的收购，加强云防护体系建设。5 月，腾讯投资安全公司——知道创宇，并与启明星辰联手推出专门的企业安全产品。6 月，阿里巴巴收购国内安全公司翰海源，增强阿里云的防护体系，同时吸纳国内外网络安全专家（见表 6 - 4、表 6 - 5）。

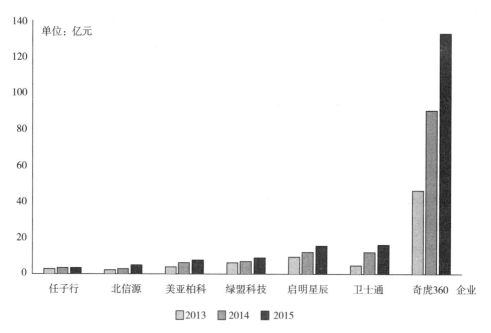

图 6 - 1　2013～2015 年我国主要网络安全企业营业收入情况

注：各公司 2015 年营业收入为预估值。

资料来源：根据 Wind 数据整理。

表 6－4　2015 年网络安全细分市场主要企业及其市场份额

防火墙	天融信（18.9%）、华为（18.6%）、网御星云（11.7%）、H3C、思科
Web 应用防火墙 WAF	绿盟科技（26.8%）、深信服、思科、网康
入侵检测系统 IDS	启明星辰（39.8%）、绿盟科技（23%）、东软（11.5%）、安氏领信
入侵防御系统 IPS	绿盟科技（21.7%）、启明星辰（17.9%）、天融信（10.6%）、H3C（10.0%）
统一威胁管理 UTM	网御星云（15.5%）、山石网科（12%）、深信服（10.9%）、H3C（9.5%）、华为（8.9%）、Fortinet（6.4%）
安全内容管理硬件	深信服（35.4%）、网康科技（18.3%）、Bluecoat（9.3%）、迪普科技（8.6%）、绿盟科技（7.6%）
终端安全管理	瑞星、赛门铁克、趋势科技、冠群金辰、北信源
漏洞扫描产品	绿盟科技（25.1%）、IBM（20%）、启明星辰（15.8%）、榕基软件
信息加密/身份认证	卫士通、兴唐通信、吉大正元
安全管理平台 SOC	启明星辰（22%）、安氏领信、东软、天融信、网御神州
VPN 硬件	深信服（42.1%）、启明星辰（15.7%）、天融信（10.5%）
安全服务	绿盟科技、启明星辰、安氏领信、天融信、蓝盾科技等

资料来源：IDC、上海证券研究所。

表 6 - 5　2015 年我国网络安全领域投融资情况

类型	企业名称	投融资事件	涉及金额
互联网巨头	腾讯	二度投资知道创宇	6 亿元
	百度	全资收购安全宝	亿元级
	阿里巴巴	收购翰海源	2 亿元
	360	投资天空卫士、威努特等	30 亿元
新兴和初创企业	明朝万达	C 轮融资	—
	安全狗	B 轮融资	5000 万元
	威客众测	A 轮融资	2000 万元
	漏洞盒子	A 轮融资	3000 万元
	四叶草安全	A 轮融资	3000 万元
其他	清华紫光	收购华三 51% 股份	25 亿美元
	思科与浪潮	成立合资企业	1 亿美元
	亚信科技	收购趋势科技中国业务，成立亚信安全	—
	天融信	"新三板"挂牌	—
	上讯信息	"新三板"挂牌	—

资料来源：工业和信息化部电子科学技术情报研究所整理。

第七章　物联网产业发展迎来重要机遇期

我国物联网发展与全球同处于起步阶段，初步具备了一定的产业、技术和应用基础。未来，随着技术发展的逐步成熟和政策支持力度的不断加大，物联网的大规模应用将成为我国信息技术应用的重要方向，产业发展将迎来重要机遇期。

一　政策支持力度加大，产业迎来重要机遇期

自国务院发布《关于推进物联网有序健康发展的指导意见》以来，我国在技术研发、产业培育、标准制定和行业应用等领域得到了快速发展。物联网作为"互联网＋"的重要组成部分，随着"互联网＋"战略的提出，产业发展迎来了新的机遇。2015年5月，国务院印发《中国制造2025》，以促进制造业创新发展为主题，以提质增效为中心，以加快新一代信息技术与制造业融合为主线，以推进智能制造为主攻方向，为物联网发展再添政策背书。2015年7月，国务院发布的《关于积极推进"互联网＋"行动的指导意见》提出，完备物联网基础设施，推广成熟可复制的农业物联网应用模式，大力发展智慧环保等政策举措。随后，北京、河南、广东、河北、深圳等省市先后出台"互联网＋"政策措施，并将推动物联网应用作为重要方面。在此背景下，物联网产业规模不断增长，产业发展迎来重要机遇期。2016年3月5日，李克强总理在《2016年国务院政府工作报告》中指出，在"十三五"时期要"促进大数据、云计算、物联网广泛应用"。《国民经济和

社会发展第十三个五年规划纲要草案》也提出"建设物联网应用基础设施和服务平台"。这意味"十三五"将成为物联网的重要应用期，物联网即将进入大规模商用化阶段。通过与云计算、大数据等技术的有机结合，未来几年物联网产业发展将从以传感器制造、通信网络建设、系统集成等转向以数据分析和运营，产业能级将会迅速扩大，并将成为推动传统产业升级、迈向信息社会的"发动机"。在第十二届全国人民代表大会第三次会议开幕会上，李克强总理提出制定"互联网＋"行动计划——推动移动互联网、云计算、大数据、物联网等与现代制造业结合，促进电子商务、工业互联网和互联网金融健康发展，引导互联网企业拓展国际市场。

二 技术标准建设取得新成就，国家物联网标准体系逐步形成

2015年5月，华为公司与合作伙伴向国际标准化组织提交了名为NB–IOT的窄带物联网标准，该标准于同年9月通过3GPP的立项决议。随着标准化进程完成，NB–IOT大规模商用成为可能，中国公司已经在此技术领域处于领先地位。2015年12月，我国自主研发的物联网安全关键技术TRAIS被纳入国际标准，成为我国在RFID领域的首个国际标准。该技术能够提供实体鉴别、保密通信、访问控制等空中接口安全服务，可抵抗RFID所面临的标签伪造、数据被篡改等安全威胁，为RFID的广泛使用护航。此外，继2014年我国完成物联网国际标准ISO/IEC 30141立项之后，2015年3月我国再次牵头完成ITU–T Y.2068《物联网功能框架与能力》国际标准，明确了物联网功能架构和联网能力等内容。我国物联网标准建设滞后的短板正在逐步得到有效弥补，国家物联网标准已经初成体系。

三　四大产业集聚区发展格局确立，产业链基本完善

我国物联网产业已经形成环渤海、长三角、珠三角，以及西部地区四大区域集聚发展的总体产业空间格局。其中，长三角地区产业规模最大，定位于核心产品和技术等产业链高端环节；环渤海地区是我国物联网产业重要的研发、设计、设备制造及系统集成基地；珠三角地区围绕物联网设备制造、软件及系统集成、网络运营服务以及应用示范领域，重点进行核心关键技术突破与创新能力建设；西部地区以物联网服务业为抓手，带动物联网感知设备、系统集成、软件开发、芯片制造、终端制造等相关产业的发展。此外，我国物联网产业链基本完善，已基本形成协同发展的态势。在物联网感知制造业领域，我国传感器产业处于起步阶段，RFID 市场规模增长迅速，其中低频和高频 RFID 相对成熟，超高频有待突破。物联网通信业领域，我国积极推进 4G 和宽带网络基础设施建设，已建成全球最大、技术先进的公共通信网和互联网，并正在开展 TD - LTE 技术的规模化应用，不断推动经济社会信息化应用水平提升。物联网应用领域，我国已经在智能交通、数字家庭、定位导航、现代物流、食品安全控制等多个领域大规模的应用了物联网技术和产品。

四　国内科技巨头积极布局物联网，
纷纷推出物联网发展战略

随着苹果、谷歌、微软、IBM、三星等国际顶级 IT 企业纷纷加大物联网布局力度，国内的阿里巴巴、华为、小米、百度、腾讯、联想等企业也加入全球物联网竞争，加大物联网布局。2015 年 5 月，华为发布"1 + 2 + 1"物联网战略，建立物联网的平台，集中收集、管理、处理数据后向合作伙伴、行业开放，并为用户提供有线网络接入和无

线网络接入能力。发布战略的同时，华为还推出了其轻量级物联网操作系统 LiteOS，并宣布 LiteOS 实行开源。2016 年 2 月 29 日，阿里巴巴集团首次对外发布了物联网整体战略，力图整合旗下云（阿里云）、网（阿里通信）、端（阿里智能、YunOS）资源，联合打造面向物联网的服务平台，并成立"阿里智能生活联盟"，全面布局从可穿戴到家居家电，从互联硬件到智能服务，遍及家居、影音、健康、母婴等各大品类（见图 7-1）。例如，阳光电源借助阿里云平台，实现旗下所有光伏电站的实时标准数据信息共享、自动化管理、电站设备故障预警等功能，每年可提升光伏电站 3%～7% 的收益。2015 年 9 月 8 日，在"百度世界 2015"开放云论坛上，百度公司发布了百度物联网 IoT 平台"BAIDU IoT"，吹响了百度进军物联网领域的号角，百度 IoT 将凭借其安全、海量接入、智能、友好的四大特性，引领物联网浪潮，开启万物智能时代。同时，带着"make things change"的品牌宗旨，百度 IoT 也将更好地服务于物流、能源、医疗、建筑及智能家居等垂直行业。2014 年 10 月 30 日，腾讯在 2014 腾讯全球合作伙伴大会上宣布携手硬件厂商共同发布"QQ 物联"品牌，开启社交智能硬件开放平台，正式进入智能硬件领域。康佳、Intel、NXP、美国博通及丰唐物联、康康血压等诸多国内外知名硬件厂商纷纷亮相，选择与腾讯一起深耕智能硬件市场。"QQ 物联"将依托腾讯平台多款亿级用户产品与开放体系，打造一条包括资金筹集、原型设计、产品研发与售卖、口碑传播等环节在内的生态链，携手合作伙伴对硬件设备进行智能化改造，功能无限扩展，产品快速迭代，满足用户真实需求。2015 年 6 月 16 日，由联想乐基金携手创业家联合主办的"智能＋"创新沙龙在京召开。联想将通过"平台＋投资＋产业链"三大战略，深入全面地布局物联网生态系统。目前联想物联网战略已经取得初步成果，一批优秀的智能硬件产品一经面世，就获得广大用户的认可：炫酷的联想智能运动鞋、65000 色萌奇笔、面向行业用户的 newglass 智能眼镜、newair 智能空气净化器、newifi 智能路由以及文艺范儿十足的缩时拍等。

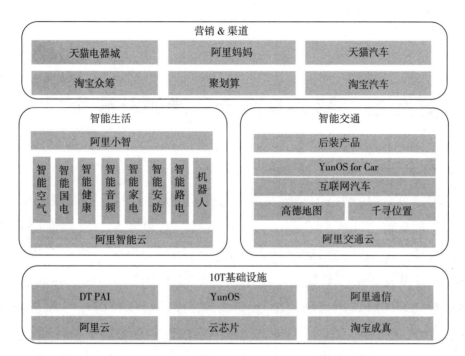

图 7－1　阿里巴巴"智能物联"家族图谱

资料来源：阿里研究院。

第八章　移动互联全面渗透社会生活领域

2015 年，4G 网络加速普及，中国移动互联网产业持续增长。中国智能手机全球占比再创新高，可穿戴设备、智能家居、机器人等智能硬件持续升温，产品形态更加多样化，市场潜力巨大。移动应用行业发生快速变化，由工具娱乐类应用向生活服务类应用转移。移动社交、移动游戏等成熟应用市场规模稳步增长；移动应用持续向纵深方向发展，在 O2O、共享经济、跨界整合等创新模式的助推下，移动交通、移动金融、移动医疗等新型应用快速发展。移动互联网行业开始进入整合阶段，投资并购案例和资金规模屡创新高。互联网企业基于自身核心优势资源，通过投资并购的方式打造完整生态圈，垂直行业通过资本重组并购重塑市场竞争格局。

一　移动互联网用户增速放缓，4G 用户显著增加

中国手机用户数突破 13 亿，移动互联网用户逐渐趋于饱和。工业和信息化部数据显示，2015 年中国手机用户数达 13.06 亿，较 2014 年增加 1964.5 万，移动用户普及率达 95.5 部/百人，比 2014 年提高 1 部/百人，人口红利正在消退。而移动互联网用户比重继续增长，但增速明显放缓。根据 CNNIC 发布的第 37 次《中国互联网络发展状况统计报告》，2015 年中国移动互联网用户规模达到 6.2 亿，较 2014 年年底增加 6303 万，移动互联网用户占互联网用户的比重由 2014 年的 85.8% 提升至 90.1%，增长了 4.3 个百分点（见图 8 - 1）。其中，通过手机接入互联网的网民占

18.5%，较2014年提升了3.2个百分点；通过平板电脑接入互联网的网民占31.5%，较2014年下降了3.3个百分点；通过电视接入互联网的网民占比为17.9%，较2014年增长了2.3个百分点（见图8-2）。

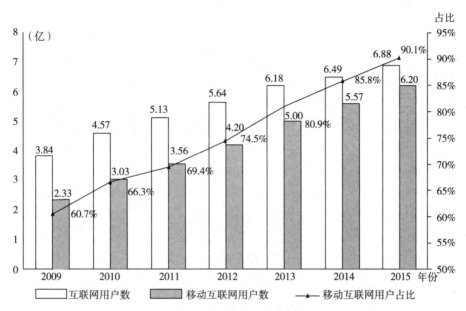

图8-1　2009~2015年中国移动互联网用户规模及占比

资料来源：CNNIC。

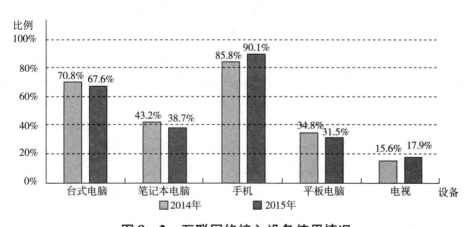

图8-2　互联网络接入设备使用情况

资料来源：CNNIC。

4G用户增加显著，2G用户加速向4G转移。工业和信息化部数据显示，2015年4G用户总数达到3.86亿，新增28894.1万，用户渗透率达到29.6%。与此相对比，2015年2G移动用户数减少1.83亿，占手机用户的比重由2014年的54.7%下降至39.9%（见图8-3）。

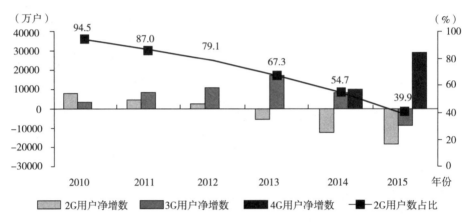

图8-3 2010～2015年移动电话用户数及用户占比情况

资料来源：工业和信息化部。

得益于4G用户激增、提速降费、移动应用丰富多样等各种利好的带动，2015年移动互联网接入流量持续高速增长。工业和信息化部数据显示，2015年移动互联网接入流量消费达41.87亿G，同比增长103%，比2014年提高40.1个百分点。月户均移动互联网接入流量达到389.3M，同比增长89.9%。手机上网流量达到37.59亿G，同比增长109.9%，在移动互联网总流量中的比重达到89.8%（见图8-4）。

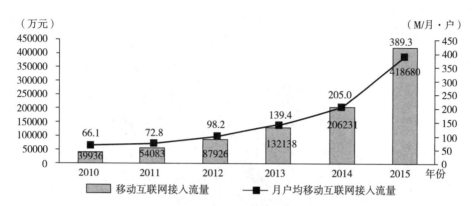

图 8 - 4　2010 ~ 2015 年移动互联网流量发展情况比较

资料来源：工业和信息化部。

二　中国智能手机全球占比再创新高，竞争格局趋于白热化

　　中国智能手机全球占比再创新高，智能手机出货量放缓。从全球市场看，TrendForce 数据显示，2015 年全球智能手机出货量为 12.93 亿部，年增长 10.3%，其中中国手机品牌出货量高达 5.39 亿部，国产智能手机出货量在全球市场占比超过四成，前十大手机品牌中的七个是中国品牌，其中华为 2015 年出货量突破 1 亿部，排名全球第三（见图8 -5）。从国内市场来看，智能手机出货量增速放缓。IDC 数据显示，2015 年中国智能手机出货量为 4.34 亿部，同比增长 2.5%；国产智能手机在国内市场的主流趋势明显，市场占有率达到 82.7%。

　　然而，中国智能手机市场竞争越发激烈，与 2014 年相比，2015 年中国手机市场品牌格局发生了巨大变化。小米和华为的手机销量在中国市场继续处于领先地位，但华为的增速明显高于小米，OPPO 和 VI-VO 进入前五强，均以 8.1% 的市场占有率位居第四位和第五位，而三星、联想、酷派跌出前五名（见表8 -1）。华为、小米、联想等国产手

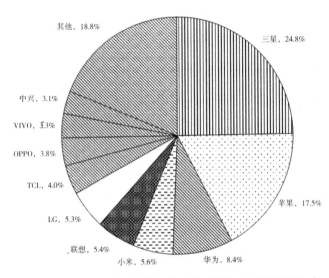

図8-5 2015年全球智能手机厂商市场份额分布

资料来源：TrendForce。

机厂商尽管在出货量方面领先，为了争夺市场，国内各大厂商通过价格战拼杀中低端市场，盈利处于低利润水平。Canaccord Genuity 的数据显示，2015年苹果占全球智能手机利润的91%，三星占了14%，而联想、HTC、索尼、微软等手机厂商出现不同程度的亏损（见图8-6）。因此，面对全球智能手机增长放缓的态势，国内手机厂商需要利用差异化和个性化布局打造自身的品牌优势，提升品牌溢价能力，进一步在高端市场立足。

表8-1　2014年和2015年中国智能手机销量排行

排名	2014年			2015年		
	公司	出货量（百万部）	市场份额	公司	出货量（百万部）	市场份额
1	小米	52.7	12.5%	小米	64.9	15%
2	三星	41.1	12.1%	华为	62.9	14.5%

续表

排名	2014 年			2015 年		
	公司	出货量 （百万部）	市场份额	公司	出货量 （百万部）	市场份额
3	联想	47.1	11.2%	苹果	58.4	13.5%
4	华为	41.2	9.8%	OPPO	35.3	8.1%
5	酷派	39.5	9.4%	VIVO	35.1	8.1%
	其他	199.1	44.2%	其他	177.5	40.8%
	总计	420.7	100%	总计	434.1	100%

资料来源：IDC。

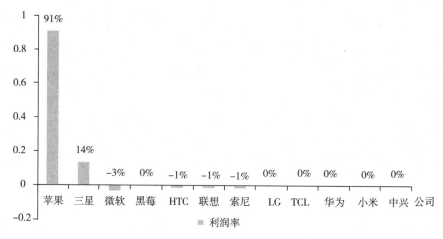

图 8-6　2015 年全球智能手机厂商利润分布情况

资料来源：Canaccord Genuity。

三　智能硬件成移动互联领域新入口，
以 BAT 为代表的企业纷纷布局

移动互联网、物联网等技术的融合发展带动智能硬件的形态更加多样化。智能硬件通过软硬件结合的方式，对传统设备进行改造，进而让其拥有智能化的功能。国内智能硬件起步较晚，但市场发展较为迅猛，目前已经粗具规模，以BAT、小米、京东为代表的国内互联网巨头在可穿戴设备、智能汽车、智能家居、机器人、无人机等智能硬件领域加快布局。

中国可穿戴设备厂商发展势头迅猛，但厂商盈利水平与国外相比差距较大。IDC数据显示，2015年第三季度全球可穿戴设备销量排名前五的品牌中，国产品牌小米以及步步高分别位于第三名和第五名。小米的可穿戴设备在2015年第三季度销量为370万台，市场占比为17.4%，同比增长815.4%；步步高的可穿戴设备销量约为70万台，市场占比为3.1%（见表8-2）。尽管小米可穿戴设备市场份额逼近苹果，但销售利润、科技创新能力等方面远低于苹果，因此在保证销量不断增长前提下，提高国内产品的国际市场竞争力成为国内各厂商下一阶段角逐的重点。

表8-2　可穿戴设备生产商2014～2015年第三季度出货量对比

生产商	2014Q3 出货量（百万台）	2014Q3市场份额	2015Q3 出货量（百万台）	2015Q3市场份额	增长百分比
Fitbit	2.3	32.8%	4.7	22.2%	101.7%
苹果	0.0	0.0%	3.9	18.6%	—
小米	0.4	5.7%	3.7	17.4%	815.4%
Garmin	0.5	7.0%	0.9	4.1%	72.5%
步步高	0.0	0.0%	0.7	3.1%	—
其他	3.9	54.6%	7.3	34.6%	88.8%
总计	7.1	100.0%	21.0	100.0%	197.6%

资料来源：IDC。

各大企业纷纷布局智能家居市场，跨界合作频繁。百度、阿里巴巴、小米等互联网企业通过与海尔、美的等传统企业在智能家居领域跨界合作，形成优势互补，加快产品研发入市；智能电视、电视盒子等硬件厂商通过投资、购买等手段丰富内容库，吸引更多用户，增强市场竞争力。2015 年，海尔、魅族和阿里巴巴展开三方战略合作，美的和小米在智能家居领域开展战略合作，TCL 与腾讯在智能电视领域展开合作，小米联合正荣布局智能家居等（见表 8 - 3）。

表 8 - 3　智能家居跨界合作一览表

合作时间	合作方	合作内容
2014 年 3 月	美的、华为、阿里巴巴	华为、阿里巴巴帮助美的迅速建立了从云端到家电的试验系统，美的从云到端建设实现
2014 年 3 月	TCL、360	合推 T3 空气净化器和净水器等智能设备
2014 年 6 月	小米、华润置业	双方在智能家居领域达成战略合作
2014 年 12 月	小米、美的	小米战略投资美的 12.66 亿元，双方将在智能家居生态链、移动互联网等业务领域深度合作
2014 年 12 月	360、酷派	360 战略投资 4 亿美元与酷派成立合资公司，主要生产智能设备，向市场推出智能手机并以互联网销售为主要渠道，建立移动生态系统
2014 年 12 月	美的、京东	双方将扩大业务合作范围和合作深度，强化在智能家居和渠道扩展等领域合作
2015 年 1 月	海尔、魅族、阿里巴巴	海尔生产智能设备，阿里提供云服务能力、智能算法，三方共同开发，签署互联协议
2015 年 3 月	海尔、苏宁	双方全面升级战略合作，在智能家居领域展开深度合作，共同推进 C2B 反向定制产品、U + 平台创客产品、PPTV 电视开发计划，共享会员资源
2015 年 4 月	联想、百度	合作推出云路由，后续将在智能硬件领域展开合作
2015 年 4 月	TCL、腾讯	双方在电视领域实现平台、内容、牌照三方资源整合
2015 年 5 月	小米、正荣	双方将融合小米路由器、小米电视、小米智能摄像机等系列智能硬件，为正荣集团旗下地产项目打造全新智能家居体验

资料来源：工业和信息化部电子科学技术情报研究所整理。

国内无人驾驶车在全球展开角逐，无人机市场不断壮大。2015年5月，谷歌设计的无人驾驶汽车开始在公共道路上进行测试；8月，优步也开始研发自己的无人驾驶汽车技术；12月，百度无人驾驶车国内首次实现城市、环路及高速道路混合路况下的全自动驾驶，标志着中国无人驾驶车的发展进入里程碑式的新阶段。无人机市场进一步壮大，互联网企业借助资金和平台优势进入市场。EVTank数据显示，2015年全球民用无人机市场销售量为57万架，中国无人机年销量达29万架，占比超过5成。除大疆创新、亿航科技等企业借助技术优势进入无人机市场外，谷歌、英特尔、高通、索尼、小米、三星、亚马逊等互联网企业开始进军无人机市场。

四　移动互联日益深入社会生活各领域，新应用新模式不断涌现

　　移动应用继续向深度和广度发展，与生活各领域深度融合，发展重点由工具娱乐类应用向生活服务类应用转移。社交、电商、视频、游戏等成熟应用进入稳步发展阶段，产业规模持续增长。在O2O、分享经济等创新模式的助推下，金融、交通出行、生活服务、健康医疗等新型应用在移动端迅速发展，其2015年用户规模分别达到8.2亿、3.5亿、4.3亿和1.3亿，渗透率分别为60.0%、27.7%、33.3%和10.1%（见图8－7）。

　　移动社交应用功能和内容更加丰富。社交应用在即时通信基础上增加实用功能、原创内容和场景服务，从基础功能不断向深度延伸，集成了购物、出行、娱乐类商业服务和医疗、政务、公共交费等民生服务，满足移动社交用户的兴趣、娱乐、通信等多元化需求，成为连接用户生活各类服务的综合性平台。从移动社交应用细分行业来看，即时通信和微博类呈现一家独大局面，匿名、娱乐和婚恋类创业热情

高涨。从行业竞争格局来看，2015 年移动社交应用行业的格局相对稳定，无论是月度覆盖人数还是日均覆盖人数方面，微信、QQ、陌陌位居前三的格局难以撼动。

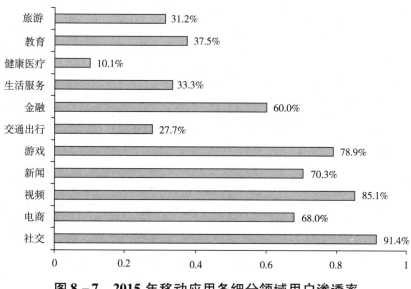

图 8 − 7　**2015 年移动应用各细分领域用户渗透率**

资料来源：Talking Data。

移动电商稳步增长，跨境电商、农村电商和 O2O 业务成为新的市场增长点。2015 年，阿里巴巴天猫"双十一"交易额突破 912.17 亿元，其中移动端交易占比 68%，同比增长 25.4%。京东与腾讯达成战略合作计划，探索"社交＋移动"电商模式。京东"双十一"当天下单总量突破 3200 万单，同比增长 130%，其中，移动端下单量占比达到 74%，而微信购物和手 Q 购物在移动端的占比达 52%。同时，跨境电商飞速增长，打造全球化新商业生态。天猫启动"双 11""全球买"和"全球卖"，京东"双十一"开启海淘嘉年华，主打母婴品类，苏宁易购开设日本馆、美国馆、韩国馆和欧洲馆等海外购频道。小红书、洋码头、蜜芽等一批新的跨境电商异军突起。阿里巴巴、京东、苏宁等电商平台深挖农村市场消费潜力，在农村建立电商服务站，招募农村推广员，为农村消费者提供全方位服务。与此同时，以移动电商为基础打造的上门服务、到家服务等O2O行业仍保持快速发展态势，BAT企业在O2O领域继续发力。中国电子商务研究中心数据显示，2015年上半年，我国O2O市场规模达3049.4亿元，同比增长80%。

移动支付和移动网上银行发展相对较为成熟，保险和理财发展潜力较大。根据TalkingData的数据，移动金融服务几乎涉及金融的各个细分领域，其中，支付、银行和证券行业发展相对较为成熟，用户规模较大；保险和理财用户规模相对较低，但增速高，发展潜力较大（见图8-8）。移动支付作为移动金融的重点业务，呈现高速增长态势，市场争夺激烈。中国人民银行的统计数据显示，2015年前三个季度银行机构处理移动支付交易金额分别为39.78万亿元、26.81万亿元和18.17万亿元，同比增长分别为921.49%、445.14%和194.86%。从第三方移动支付的市场格局来看，主要互联网企业基本都已进入，金融机构和移动运营商也纷纷推出移动支付产品，市场竞争日益激烈，但支付宝一家独大、财付通大力追赶、众多支付品牌共存的局面基本确定。

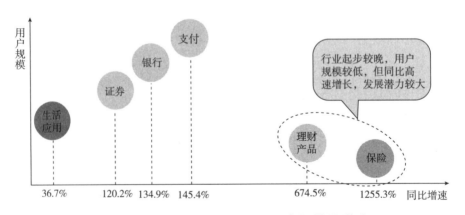

图8-8 移动金融细分行业用户规模及增速

资料来源：Talking Data。

移动交通出行行业高速发展，行业整合加速。2015年2月，滴滴和快的合并，成立滴滴出行，滴滴出行涵盖了出租车、专车、快车、顺风车、代驾、巴士、试驾等多项业务。从用户规模、平台注册司机数量、覆盖城市范围来看，滴滴出行已基本实现垄断，市场格局基本稳定。速途研究院数据显示，2015年滴滴出行市场份额达到80.2%，优步为9.1%。移动租车以及代驾等出行细分领域则呈现出蓬勃发展局面，竞争激烈。其中在移动租车领域，形成了神州租车、易用到车、一嗨租车三足鼎立的局面。

移动医疗健康发展空间巨大，服务业态丰富多样。2015年中国移动医疗市场规模达48.8亿元，较2014年增长62%，预计2018年市场规模接近300亿元。中国移动医疗呈现问诊、挂号、自诊自查、疾病管理等多个垂直细分领域共同发展的形势，业务模式不断创新。同时，移动医疗市场出现商业健康保险、线下诊所收费、药品销售等不同的盈利点，但都还处于市场探索阶段，未来将会以丰富多样的服务业态满足不同垂直领域的多元化需求。

五　移动互联网并购热潮不减，垂直行业垄断趋势增强

移动互联网经过近几年快速发展，行业开始进入整合阶段，投资并购案例和资金规模屡创新高。CVSource的数据显示，2015年移动互联网行业投融资案例479起，同比增长17.11%；融资金额45.32亿美元，同比增长69.44%（见图8-9）。移动互联网行业并购交易案例达到199起，同比增长64.46%，涉及金额59.52亿美元，同比增长118.69%（见图8-10）。

图8－9　2010～2015年我国移动互联网行业投融资市场交易情况

资料来源：CVSource。

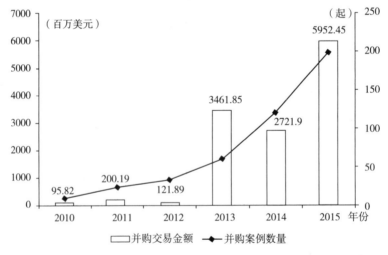

图8－10　2010～2015年我国移动互联网并购市场交易情况

资料来源：CVSource。

　　以BAT为代表的互联网企业基于自身的平台、资金和人才优势，通过投资并购的方式不断扩充更多功能和服务，延展业务版图，涉足多个垂直领域，力图打造完整生态圈。腾讯除进一步拓展社交、游戏、泛文娱、O2O等优势领域外，加大在金融、电商、医疗健康等领域的投资。IT 桔子数据显示，2015 年腾讯投资收购的公司超过 95 家，投资金额超过 55 亿美元，投资企业数量比上年增加一倍，重点加大了海外投资，投资 25 家公司，占比达到 26%。阿里巴巴投资并购势头迅猛，2015 年全球投资收购公司超过 65 家，同比增长 60%，投资金额超过 183 亿美元，重点集中在电商、泛文娱、金融、企业服务/技术、O2O 等行业。百度一方面通过教育、音乐、外卖等开放平台吸引第三方投资，另一方面不断加强 O2O、医疗、汽车交通等领域的资金投入。百度 2015 年加大了投资力度，投资公司数量达到 29 家，同比增加 66.7%，投资金额达到了 12.5 亿美元。除 BAT 外，2015 年京东发展迅速，先后斥资 23 亿美元投资收购超过 45 家公司，除加速自身发展外，京东与腾讯开展合作，给阿里巴巴带来了压力（见图 8－11）。

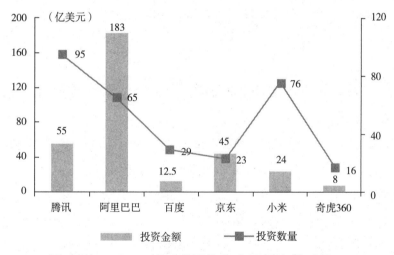

图 8－11　2015 年互联网代表企业投资并购情况

资料来源：IT 桔子。

新型企业通过资本重组并购重构市场竞争格局。由于企业资本市场压力增大，同类型竞争企业通过资本重组并购，加速规模扩张，打造端到端服务和业务共生为特征的互联网生态圈，巩固在行业内的优势地位（见表 8－4）。

表8-4　2015年移动互联网行业典型投资并购事件

事件	时间	行业	细节
滴滴和快的合并	2015年2月	出行	合并后估值达到165亿美元，继续保持独立运营
58同城和赶集网合并	2015年4月	生活服务	58同城持有赶集网43.2%的股份
携程网与艺龙合并	2015年5月	在线旅游	携程网持有艺龙37.6%股份
美团网和大众点评合并	2015年10月	本地服务	合并后估值达到150亿美元，继续保持独立运营
阿里巴巴收购优酷土豆	2015年10月	网络视频	涉及资金45亿美元
携程网和去哪儿合并	2015年10月	在线旅游	携程网持有去哪儿45%的投票权
百合网和世纪佳缘合并	2015年10月	网络交友	涉及资金2.52亿美元

资料来源：工业和信息化部电子科学技术情报研究所。

六　4G网络加速普及，5G网络展开部署

4G网络建设趋于完善，使用率大幅提升。随着4G建设投入力度不断加大，2015年建设速度有所减缓，网络覆盖已经基本完成。工业和信息化部数据显示，2015年新增移动通信基站127.1万个，是2014年净增数的1.3倍，总数达466.8万个。其中新增4G基站92.2万个，总数达到177.1万个，成为全球最大的第四代移动通信（4G）网络。手机3G/4G网络使用率不断提升。根据CNNIC发布的第37次《中国互联网络发展状况统计报告》，截至2015年12月，我国手机网民通过3G/4G连网的比例为88.8%，较2015年6月增长了3.1个百分点（见图8-12）。同时，4G移动终端出货量增长惊人，4G制式手机成为主流。中国信息通信研究院数据显示，2015年1~11月，国内手机市场累积出货量为3.29亿部，同比增长12.3%，其中，4G手机2.74亿部，同比增长306.9%。

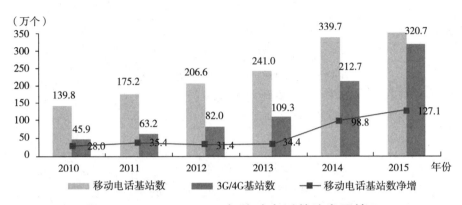

图 8 - 12　2010 ~ 2014 年移动电话基站发展情况

资料来源：工业和信息化部。

国内三大运营商 4G 网络建设进程加快，移动网络速率大幅提升。2015 年下半年开始，电信、移动、联通三大运营商陆续推出"天翼 4G +""移动 4G +""沃 4G +"战略（见表 8 - 5），推动 4G 网络的升级和 VoLTE 的商用。采用载波聚合技术，实现网速加倍提升，其中联通的网速可逐步提升至 1Gbps，网速竞争提高到新的水平。通过 VoLTE 技术商用，实现高清语音通话功能。此外，随着提速降费、"宽带中国"专项行动持续推进，截至 2015 年 10 月底，固定宽带和移动流量平均资费水平下降幅度超过 50% 和 39%。

表 8 - 5　2015 年三大运营商 4G 战略规划

战略名称	发布时间	网速	目标
移动 4G +	2015 年 9 月	下行三载波聚合的理论峰值能达到 330M，下载速率将提升 1 倍	持续推进 4G 的网络升级，在全国部署超过 10 万个 4G 载波聚合 CA 基站，覆盖国内所有地级以上城市的核心城区、热点区域。2016 年 6 月约有 260 个城市实现 VoLTE 商用，下半年推动 RCS 全面商用

续表

战略名称	发布时间	网速	目标
"沃4G＋"	2015年12月	双载波聚合的峰值速率下行已经超过300Mbps，上行超过75Mbps，预计网速逐步提升至1Gbps	加快4G网络建设步伐，4G网络覆盖完善、网速加倍以及通话体验提升
"天翼4G＋"	2015年7月	下行峰值速率可达300Mbps（目前FDD峰值速率为150Mbps，TDD峰值速率为100Mbps），上行峰值速率可达50Mbps	2017年年底使4G网络达到天翼3G网络同等覆盖水平，实现VoLTE商用。完成4G网络的全国覆盖及"4G＋"网络的全国覆盖。聚焦"4G＋"和"光宽带"两大业务核心，在智慧家庭、翼支付和物联网三大领域取得突破

资料来源：工业和信息化部电子科学技术情报研究所整理。

加快5G网络部署，掌握5G战略制高点。2015年6月，国际电信联盟正式发布5G发展时间表，2015年启动5G国际标准研究，2016年完成5G关键技术标准制定，2018年完成5G技术规范制定，2020年正式商用（见图8－13）。该路线标志着5G系统的总体愿景、目标、进程及部署时间均已确定。我国已开始着手5G技术研发和5G标准的制定，进而在整个产业占据主导地位。2015年5月，我国发布了《5G网络技术架构白皮书》和《5G无线技术架构白皮书》。我国加快5G国际标准制定的进程，从前期的研究阶段进入国际标准研究阶段，为尽早实现5G商用奠定基础，为中国移动通信设备商5G网络赶超带来发展机遇。

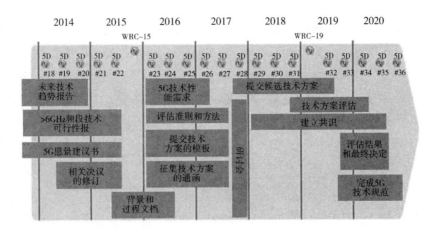

图 8 - 13　ITU 5G 工作计划时间表

资料来源：国际电信联盟。

第九章　云计算已成为新的
信息基础设施

　　2015 年，我国云计算市场规模持续快速增长，达到 780 亿元。云
计算生态体系基本建立，市场格局逐渐明朗，形成全球 IT 巨头、国内
互联网巨头和电信运营商三足鼎立之势 。云计算已成为新的信息基础
设施，将颠覆传统 IT 架构，而软件定义是实现云计算管理的重要途径。

一　云计算已成为新的信息基础设施，
助力"互联网＋"和创业创新

　　随着光纤网络、新一代移动通信技术的飞速发展，云计算集中计
算资源，以按需供应、弹性扩展的方式提供给用户，用户使用计算资
源就像使用水电一样。作为新的信息基础设施，云计算不仅提供了强
大计算资源和处理平台，而且从时间、空间和资金上极大地减少了信
息技术的应用成本。云计算在电商、交通、金融等领域正在创造一个
又一个纪录和奇迹，极大地方便了人们的生活消费，催生新商业模式，
甚至是新兴业态。在国内几家大型企业的云平台上，已经聚集了数以
百万的创业者，基于云计算的"互联网＋"新应用、新业态、新模式
不断涌现。百度、腾讯、阿里三家云开放平台支持的中小开发者数量
已经达到 200 万，在促进大众创业、万众创新方面成效明显（见表 9－
1）。百度开放云平台聚集了 100 多万开发者，利用百度云的计算能力、
数据资源、应用软件等，开发位置导航、影音娱乐、健康管理、信息

安全等各类创新应用，几年来，百度云已累计为开发者节约了超过 25 亿元的研发成本。

表 9-1　阿里云应用案例

应用领域	影响或效果
消费电商	2015 年天猫"双十一"狂欢购物节交易额达到 912.17 亿元，11 月 11 日当天系统交易创建峰值达到每秒钟 14 万笔，支付峰值达到每秒钟 8.59 万笔。相比 2009 年的首届"双十一"，订单创建峰值增长了 350 倍，支付峰值增长了 430 倍
铁道交通	春运期间，75% 的 12306 火车票查询业务分流到云计算平台，顺利地度过了春运订票高峰期
互联网金融	天弘基金迁入阿里云后，余额宝的清算时间由 8 小时缩短至 30 分钟，一年内跃升为全球第三大货币基金公司；蚂蚁微贷基于云计算平台创造网上"3 分钟申请、1 秒放款、0 人工干预"的新模式
融资贷款	阿里小贷依托阿里云生态体系和大数据支撑，可以了解把握小微企业的信用程度，已累计为 90 万家小微企业放贷了 2300 亿元，为缓解我国小微企业融资难问题作出了积极贡献
物流	菜鸟网络运用电商大数据织成"天网"实现快递实时预报，精确"导航"。圆通快递运营"菜鸟鹰眼"4 个月之后，"超时异常件"的比例下降了 30%
生命科学	华大基因在阿里云计算平台部署的服务产品 BGI Online 国内 beta 版本正式上线，这是首个完全部署在阿里云上的大规模生物信息分析平台。用户可以在 BGI Online 上访问自己的数据，获取标准分析结果，也可以定制个性化的数据分析方案，并与其他授权用户分享数据和成果

资料来源：工业和信息化部电子科学技术情报研究所。

专栏 1　公共服务应用案例——金蝶云（中小企业管理云）

近几年，金蝶公司在云计算、互联网、移动互联网、社交网络、大数据等下一代信息技术领域持续加大投入与创新，先后研发出了一批国内领先的云服务产品，包括国内首家基于云计算的 ERP 管理软件系统"K/3 Cloud"。

"中小企业管理云应用研发和产业化项目"是金蝶软件（中国）有限公司承担的云计算示范工程之一，其主要目的是针对宏观经济环境的不稳定性、不确定性给中国近4000万家中小企业和不计其数的微型企业带来的发展压力，以及这些企业在信息化条件建设不足与经管理念落后等情况，突破云计算参考架构、云中间件虚拟化管理、云中间件动态负载均衡、云服务多租户、云服务碎片化、云服务订阅与供给等六大方面的核心关键技术，集成约2万台服务器（包括虚拟机、应用服务器、数据库服务器、存储设备和网络设备），以云计算技术、移动互联网技术以及社交网络技术为主要手段，搭建面向企业管理、公共管理和个人商务管理的"中小企业管理云"，提供5000种云服务。

中小企业管理云建设期为5年。截至2014年年底，在服务能力方面，其提供了涵盖企业社交、文件存储、生产制造、订单管理、财务会计、供应链、资产管理、协同办公、客户关系和其他12大类2047个云服务，平台云服务呈逐年上升趋势，如图1所示；平台注册的独立软件企业及个人接近3.2万个。平台服务了109万企业用户和560万个人，项目平台服务能力连续几年迅速增长。如图2所示。

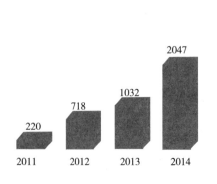

图1　云服务逐年增长情况

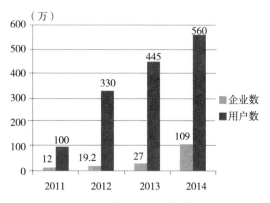

图2　服务企业数与用户数增长情况

云计算的应用普及助力数据中心整合。美国政府问责办公室
（GAO）的报告显示，截至 2015 财年，联邦政府陆续关闭的数据中心
已达到 3125 个；到 2019 财年，计划再关闭 2078 个；2011～2015 财年，
由于数据中心的整合，联邦政府的 IT 开支累计减少了 28 亿美元（见图
9-1）。为进一步推进数据中心整合优化工作，满足《联邦政府信息技
术采购改革法案》（FITARA）的要求，美国联邦政府在 2016 年 3 月发
布了新的备忘录草案——《数据中心优化计划（征求意见稿）》（*Data
Center Optimization Initiative*），草案明确提出了除非有联邦首席信息官
办公室的批准，原则上不再新建或扩建数据中心，同时对已有的数据
中心进行合并或关闭，争取在 2018 财年年底前关闭 25% 的分层数据中
心和 60% 的无分层数据中心。在选择合并或关闭数据中心的方式时，
为了与 2010 年实施的云优先政策（Cloud First Policy）保持一致，草案
提议尽可能利用可配置的、灵活的云计算服务，比如软件即服务
（SaaS）、平台即服务（PaaS）和基础设施即服务（IaaS）。

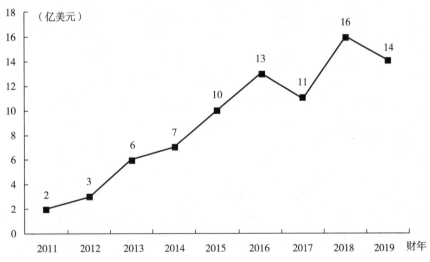

图 9-1　2011～2019 财年每年由数据中心整合节省的 IT 开支

资料来源：美国政府问责办公室（GAO）。

二 市场规模持续快速增长，创新活力充分释放

近年来，全球云计算产业发展形势良好，继续保持快速增长。高德纳数据显示，由于企业越来越强调数字商务策略，2015年全球公有云市场规模约为1750亿美元，由于IaaS的强劲增长，2016年将达到2040亿美元，增速为16.6%。高盛报告显示，在云计算基础建设以及云平台上的花费在2013～2018年间估计以年均增长率30%的速率增长，而整个IT行业的预计增长仅有5%（见图9-2）。

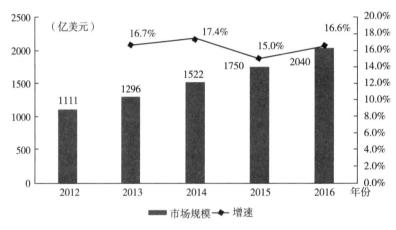

图9-2 2012～2016年全球公有云服务市场规模及增速

资料来源：高德纳。

全球公有云服务细分市场方面，高德纳预计，2016年市场规模排名靠前的依然是云广告、业务流程即服务（BPaaS）、软件即服务（SaaS）和基础设施即服务（IaaS）。由于企业减少数据中心的建设，将信息基础设施的需求转移到公有云上来，IaaS成为所细分市场中增长最快的一部分，增速预计高达38.4%，预计收入为224亿美元。越来越多的软件供应商将本地授权证书的商业模式转变为基于公有云的销售方式，再加上大软件供应商涉足公有云领域，软件即服务（SaaS）

仍将是市场最主要的部分，预计 2016 年收入达 377 亿美元，增速为 20.3%。平台即服务（PaaS）增速预计为 21.1%，但贡献额仅为 46 亿美元。业务流程即服务（BPaaS）收入将达 426 亿美元，但增速较为缓慢，预计为 8.7%。

2015 年，在《国务院关于促进云计算创新发展培育信息产业新业态的意见》《关于积极推进"互联网＋"行动的指导意见》《关于加强保险公司筹建期治理机制有关问题的通知》《国务院关于印发促进大数据发展行动纲要的通知》《云计算综合标准化体系建设指南》等相关利好政策的推动下，我国云计算市场的创新活力得到充分释放，市场规模进一步扩大，公有云发展壮大的同时，基于企业级信息化建设需求的私有云和混合云也在快速增加，云计算发展进入到面向生产服务的新阶段。

2015 年，中国云计算市场规模约为 750 亿元，同比增加 42%，预计到 2016 年，中国云计算市场规模将达到 1220 亿元，同比增加 60% 以上。云计算的发展带动和促进了信息经济的快速发展，阿里数据显示，2015 年云计算为中国市场带来约 1900 亿元的经济价值，创造超过 500 万的新就业机会（见图 9 - 3）。

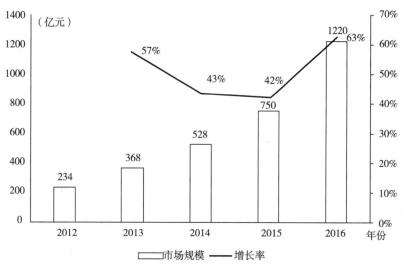

图 9 - 3　2012 ～ 2016 年中国云计算市场规模及增速

资料来源：工业和信息化部电子科学技术情报研究所。

三 生态体系基本建立，竞争格局成三足鼎立之势

随着云计算技术的日益成熟、社会各界对云计算服务认知与采纳程度的提高，云计算市场的参与方越来越多，形成了功能互补、协作创新的良好生态。云计算服务提供商是生态的中坚力量（包括了IaaS服务商、PaaS服务商和SaaS服务商），其中服务于所有行业的"通用云计算服务商"（如亚马逊、谷歌、阿里云等）起到了主导作用；服务于特定行业的"垂直云计算服务商"为补充（游戏云、电商云、金融云等）。云计算服务提供商，可以利用自有数据中心向最终用户交付服务，也可以租用IDC运营商的数据中心。云计算服务需求的迅猛增长，直接带动了相关硬件厂商、软件厂商的产品销售。硬件厂商包括云基础设施厂商（服务器、模块化数据中心、网络设备等）、终端设备厂商（移动终端、瘦客户端等），乃至上游的芯片、内存及存储设备厂商等。

用户在将信息系统向云端迁移的过程中，咨询服务商可以提供有针对性的建议和方案；解决方案提供商提供针对特定客户的云解决方案开发和迁移实施服务；系统集成商提供软硬件采购和实施服务（尤其是在私有云建设上）以及跨不同平台的云服务整合实施，组织独立软件开发商进行定制化开发；云计算服务提供商可以选择将某些用户的运营维护外包，用户也可以将私有云的运营维护外包；云计算服务使用技能的发展，也离不开教育培训服务商的参与。此外从第三方角度对云计算服务质量进行中立评估的云审计服务商，避免云计算服务中断带来经济损失的云保险服务商，在云计算平台之上或之间进行数据交易的服务商等新生态角色也不断涌现。云计算服务用户，包括了个人用户、互联网创业企业、中小企业、大型企业、依托云计算服务开展运营的园区，以及致力于行使社会治理职能的政府机构等。行业监管部门将依据法规保证各类云计算服务的质量，维护云计算生态参

与各方的合法权益（见图9-4）。

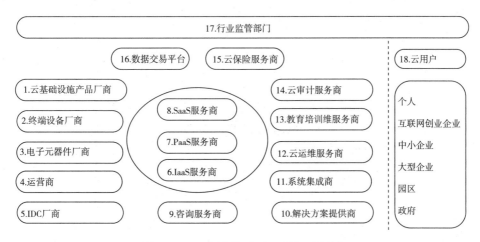

图9-4　云计算生态系统示意图

资料来源：阿里数据经济研究中心。

　　2015年中国云计算市场风起云涌，各方纷纷利用其优势，加快中国云计算市场布局的步伐，目前市场已形成三足鼎立之势，即全球IT巨头、国内互联网巨头，以及电信运营商。亚马逊、微软、IBM、SAP等全球IT巨头与国内IDC厂商建立战略联盟，利用其技术优势及市场影响力，布局中国云计算市场，占据一席之地；BAT以及金山等国内互联网巨头，在充分发挥其互联网资源优势的基础上，采用低价格战略，向企业级市场渗透；基于强大的带宽、IDC、政企客户资源，以及技术、运营实力，移动、电信、联通三大运营商先后推出"大云""天翼云""沃云"品牌，强势进入我国云计算市场，在基础数据中心建设方面已领先于IT巨头和互联网巨头（见表9-2）。

表9-2 中国市场主要云服务商的情况

云服务商	提供云服务情况
亚马逊 AWS	合作方：光环新网、西部云基地、宁夏中卫市 以北京为主要节点提供有限预览版服务，推出 EC2 第二个可用区，提供数据库、网络、大数据分析、安全管理、应用部署等多种服务；宁夏西部云基地数据中心建设完成并开始测试，预计 2016 年将对外提供服务，"前店后厂"的云计算布局模式即将落地中国
微软云 Azure	合作方：世纪互联 唯一在中国正式商用的国际公有云；全面提供公有云、私有云及混合云方案；提供中国与海外无缝衔接的全球部署；全面支持 IaaS、Paas、SaaS 完整云架构 2015 年 4 月 1 日，微软正式对外宣布启动面向中小企业和初创企业的微软"凌云计划"。首批项目为期 6 个月，联合北极光、DCM、戈壁投资等，计划招募 100 家创业企业，微软将向他们提供价值 1 亿元人民币的微软 Azure 公有云服务、软件和开发工具
IBM	合作方：世纪互联 业务主要集中于混合云模式：一是"CMS 企业云"已经正式上线；二是 PaaS 服务 IBM Bluemix 云平台落地，Bluemix 能帮助企业安全且快速地构建各种应用，并在公有云、私有云和本地环境中灵活的部署这些应用
阿里云	聚焦 IaaS 服务，在中国公共云市场份额排名第一，市场占有率达 29.7% 2015 年，中标海关"金关工程二期"大数据云项目订单；联合中科院成立实验室，研制量子计算机；支撑了"双 11"912 亿元的交易额，每秒交易创建峰值达 14 万笔
腾讯云	2015 年 6 月推出"云 + 创业"计划，宣布将提供 1 亿元扶持资金，加码对创业者的扶持，用于腾讯云的基础设施建设和运营，已有约 300 家初创公司上云。计划未来五年，投入 100 亿元发展腾讯云
百度云	2015 年 9 月，宣布"3600 行"计划，把人工智能与云计算的结合作为侧重点。联合电信云、金山云、华为企业云、青云等国内主流云平台以及亚马逊中国，在安全领域建立云安全生态

云服务商	提供云服务情况
中国移动	以五大集团数据中心为核心，建设辐射 31 个省区市、香港的上百个省级数据中心，机柜总量超过 10 万架。在基础建设及硬件投入方面，IDC 机房八纵八横覆盖全国，提供六大类、三十余项基础及增值服务。以原有 IDC 硬件资源为基础，采用虚拟化技术和分布式调度等云计算主流技术构建云资源池，在资源池内部引入新兴 SDN/NFV 技术。以"云计算"为核心的全国 IDC 统一运营模式，提供电信级、软硬件相结合的 O2O 式云服务
中国联通	已打造出大规模、分布式、绿色的新一代云数据中心，规模交付西安、廊坊、呼和浩特、哈尔滨、郑州、无锡（德清）、重庆（成都）、东莞、贵安、香港等十大云数据中心。规模上，数据中心全部建成后，总机架数将超过 25 万架，总带宽将超过 30T，具备 300 万台服务器的承载能力
	建设了拥有国内最大云资源池的公有平台。沃云平台功能估计超过百项，正在部署 7 大核心区域、31 个省会节点的资源池，平台资源超过 20 万核 vCPU，60PB 存储。开放了沃云平台的 API 接口与 SaaS 层内容与应用服务，支持集成与被集成，形成开放应用的强大服务能力
	基于 SDN 建立了云数据中心网络。在数据中心之间和数据中心内部建立 SDN 智能网络，形成全网虚拟存储、弹性调度、安全防护的云计算资源网络，能够在任何地域提供一致的客户体验与感知
中国电信	提出了"8 + 2 + X"的战略布局，"8"指的是全国的 8 个区域，覆盖了东南沿海的经济发达地区，"2"是内蒙古和贵州两个超大规模的云计算中心，"X"是下沉到每个地区的节点。

资料来源：工业和信息化部电子科学技术情报研究所整理。

四　标准建设加快，云安全成为云计算应用关注重点

2014 年年底，由中国等国家推动立项并重点参与的两项云计算国际标准——ISO/IEC17788 – 2014《信息技术云计算概述和词汇》和 ISO/IEC17789 – 2014《信息技术云计算参考架构》正式发布，这标志

着云计算国际标准化工作进入了一个新阶段。这两项标准规范不仅为云服务提供者和开发者搭建了基本的功能参考模型，也为云服务的评估和审计人员提供相关指南，有助于实现对云计算的统一认识。为了贯彻这两项标准，加快推进云计算标准化工作，提升标准对构建云计算生态系统的整体支撑作用，工信部正式为此下发关于印发《云计算综合标准化体系建设指南》的通知，这不仅是信息技术服务模式的重大创新，也有利于贯彻实施《中国制造2025》和"互联网＋"行动计划（见图9－5）。

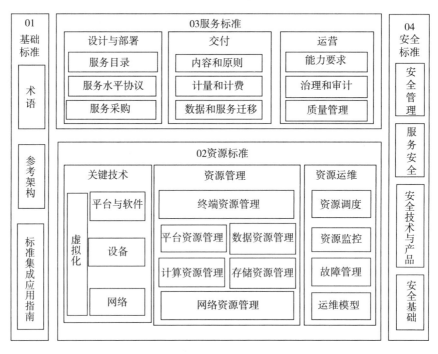

图9－5　云计算综合标准化体系框架

资料来源：工业和信息化部。

近年来，云计算安全问题日益突出。UCloud 安全中心公布的《2015 公有云安全年度报告》显示，DDoS 攻击和漏洞攻击仍然是最主要的两种攻击手段。在 DDoS 攻击方面，游戏、企业服务、电子商务与互联网金融行业是 DDoS 攻击的主要对象。其中，年内被攻击最频繁的是游戏行业，占攻击总量的 30.1%；另外，企业服务（软件与技术服务）行业排名第二，占攻击总量的 26.2%；电子商务行业排名第三，占攻击总量的 17.5%。漏洞攻击分布方面，SQL 注入攻击仍然是目前云上环境最流行的攻击，占到了总攻击的 41%，其次是针对 Web 组件，如 Apache、Nginx、IIS、Jboss、Tomcat 等的攻击。再次是一些常见攻击手段的利用，如命令注入、XSS、非法上传下载等。另外，一些高危漏洞如 Bash 漏洞、Struts2 漏洞及 OpenSSL 等漏洞的利用量也居高不下。

云安全问题越来越受到重视，云计算信任体系建设不断完善。在 2015 年 7 月首届云栖大会上，阿里云在全球率先发起《数据保护倡议》（以下简称《倡议》）。《倡议》明确提出，数据是客户资产，云计算平台不得移作他用，并有责任和义务帮助客户保障其数据的私密性、完整性和可用性。同时，阿里云联手中科院利用量子通信加密云计算安全。在云计算信任体系建设方面，第三方可信云服务评估体系 2.0 版本发布，帮助用户比较和甄选云服务的"可信云服务网站"成功上线，截至 2015 年 7 月，共有来自 46 家云服务商的 96 项云服务通过了"可信云服务认证"。此外，中国信息通信研究院、保险公司及各大云服务商在可信云认证基础上，开发了云计算服务责任保险——可信云云保险。下一步，保监会将根据"互联网＋"行动部署，探索推进互联网保险云服务平台建设，鼓励保险机构利用互联网拓宽服务覆盖面，进一步扩大互联网保险服务创新的深度和广度。以上必将极大地促进我国云计算产业的融合创新发展。

五　软件定义是实现云计算管理的重要途径

软件定义的核心思想都是将传统的"一体式"硬件设施分解为"基础硬件及其虚拟化＋管控软件"两部分。基础硬件提供标准化的基本功能，进而在其上新增一个软件层来替换"一体式"硬件中实现管控的"硬"逻辑，为用户提供更开放、灵活、智能的系统管控服务。

随着云计算成为新的信息基础设施，出现了两个关键的技术需求，软件定义就是实现这些技术需求的一个途径。其中，第一个关键的技术需求就是对庞大的各种应用资源进行灵活有效的管理，包括资源池、资源快速弹性、可度量等等。第二个关键的技术需求是基于这些庞大的共性资源提供面向不同需求的个性化定制能力。通过软件定义网络、软件定义存储、软件定义数据中心，使得专业设备能够被灵活管控。云计算管理系统作为一种新兴的网络化操作系统，是一个典型的软件定义的系统。云计算管理系统通过"软件定义"的途径，一方面实现资源虚拟化，达到物理资源的共享和虚拟资源的隔离；另一方面实现管理功能的可编程，打破传统硬件配置能力有限的桎梏，为用户的业务需求提供高效灵活、随需而变的支撑。

第十章　互联网金融开始从野蛮生产走向理性发展

2015年，我国互联网金融的发展可谓"冰火交加"，一方面是用户数量、平台数量、交易量继续大幅增长，新的产品和业务模式不断出现；另一方面是平台倒闭、跑路、非法集资事件频发。面对行业乱象，政府加快了监管步伐，制定了《关于促进互联网金融健康发展的指导意见》，细化政策和配套举措也逐步出台，开启了互联网金融监管之门。以"BATJ"为代表的互联网企业加快对互联网金融全面拓展，行业的整合淘汰加速。社会资金对互联网金融仍然热情不减，针对互联网金融的投资并购进一步增多。未来，随着行业监管的坚强和政策的完善，互联网金融行业将走向规范发展，横向综合化、纵向垂直化、移动化、场景化、融合化将成为重要发展趋势。

一　交易规模和用户规模达到新高点，主要业态基本形成

经过多年的持续高速增长，我国互联网和移动互联网在用户数、普及率方面都达到了较高水平，增长开始进入平台期，增速逐步趋缓。根据中国互联网网络信息中心（CNNIC）的统计数据，截至2015年12月，我国网民规模达6.88亿，互联网普及率为50.3%，网民规模增速持续放缓。根据工业和信息化部的数据，截至2015年11月，我国移动互联网用户达到9.54亿户，其中手机上网用户超过9.05亿户，在手机

用户中的普及率近 70%。随着网民规模增长进入平台期和移动互联网用户数接近 10 亿，互联网和移动互联网对经济社会发展和个人生活的进一步深化，从信息沟通和娱乐为主的应用向服务、交易等为主的应用发展，再加上传统销售和金融活动难以满足消费者需求，使得电子商务和互联网金融成为互联网应用创新的热点和重点。

互联网金融市场规模超 10 万亿元，用户规模近 5 亿。2013 年被业界称为我国互联网金融元年。2013 年以来短短三年时间里，我国互联网金融爆发式增长，市场规模和用户规模快速攀升。根据市场机构的统计，2015 年第一季度，我国互联网金融市场整体规模超过 10 万亿元；用户规模在 2014 年年底达到 4.1 亿，渗透率达到 63.4%，估计 2015 年年底用户规模为 4.9 亿，渗透率达到 71.9%（见图 10 – 1）。

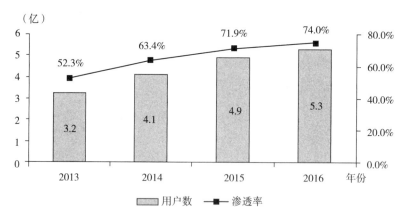

图 10 – 1 我国互联网金融用户增长情况

资料来源：根据互联网相关资料整理。

互联网金融主要业态已形成，产品呈梯度发展格局。从最早的金融业务互联网化到"余额宝"引发的互联网理财热潮，再到近年来快速增长的 P2P、众筹，互联网金融业态创新不断，目前网上银行、互联网支付、P2P 和网络小贷、互联网保险、互联网理财、众筹等已成为主要的业态模式。同时，这些主要业态的产品已形成梯度发展格局。网上银行发展时间较长，也较为成熟，基本所有的商业银行都在互联网上开展了业务。截至 2015 年 12 月，网上银行的用户规模已达 3.4 亿，网民使用率达到 48.9%（见图 10 - 2）。近几年来，随着电子商务和互联网金融的快速崛起，低成本、简单便捷的互联网支付模式受到用户青睐，用户数和业务规模快速增长。截至 2015 年 12 月，互联网支付用户规模已达到 4.2 亿，在网民中的使用率达到 60.5%，是最受欢迎的互联网金融业务（见图 10 - 3）。根据艾瑞咨询的数据，2015 年前三季度第三方互联网支付业务交易规模 8.32 万亿元，同比增长 45.2%，全年有望超过 10 万亿元。经过短期的高速增长后，随着收益率的不断下降，互联网理财进入平台阶段，用户数增速下滑甚至零增长。截至 2015 年 12 月，购买过互联网理财产品的网民数为 9026 万，在网民中的使用率为 11.8%，比 2014 年上升了 1 个百分点。2013 年以来 P2P 网贷高速增长，但近年来跑路和倒闭平台数量较多。根据网贷之家的数据，截至 2015 年 12 月，P2P 网贷行业正常运营平台为 2595 家，累计成交额达到 13652 亿元。近两年来互联网保险迅速兴起，保费规模超过 2000 亿元。众筹开始兴起，截至 2015 年 12 月，全国共有正常运营众筹平台 283 家，2015 年新增项目 49242 个，完成筹资金额 114.24 亿元。

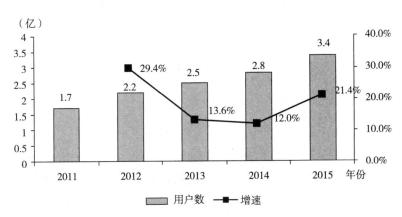

图 10 - 2　网上银行用户数增长情况

资料来源：CNNIC。

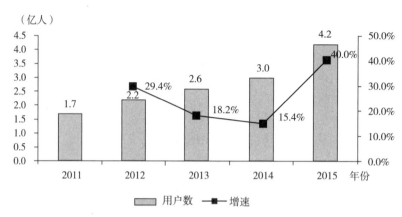

图 10 - 3 互联网支付用户数增长情况

资料来源：CNNIC。

二 政策规则逐渐清晰，行业等待监管细则出台

互联网金融在迅猛发展的同时，也开始出现各种乱象，而政策不明、规则不定、法律不清使得投机性行为、套利性行为甚至非法集资、诈骗等行为不断出现。2015 年以来，国务院和有关部委对互联网金融相关问题更加重视，在陆续出台的创业创新和"互联网＋"政策中肯定了互联网金融的积极作用，明确支持和促进互联网金融健康发展。7月 18 日，中国人民银行、工业和信息化部、公安部、财政部、国家工商总局、国务院法制办、中国银行业监督管理委员会、中国证券监督管理委员会、中国保险监督管理委员会、国家互联网信息办公室等十部委联合印发了《关于促进互联网金融健康发展的指导意见》（以下简称《指导意见》），首次明确了互联网金融的边界、业务规则和监管责任。

《指导意见》被行业称为互联网金融的"基本法"，填补了互联网金融政策和监管法律法规的空白，为其他相关政策和监管细则的出台奠定了基础。一是明确了互联网金融的定位和边界。互联网金融本质仍属于金融,没有改变金融经营风险的本质属性,应接受同类监管规则。互联网金融中介只做信息平台和通道。二是,对互联网支付、网络借贷、股权众筹融资、互联网基金销售、互联网保险、互联网信托和互联网消费金融等互联网金融各业态的业务作出明确的界定,提出监管要求。三是明确了监管责任,划定了"一行三会"对互联网金融的监管范围和监管责任。四是对资金存管、信息披露、消费者保护、网络信息安全、反洗钱和金融犯罪等方面提出监管要求,规范市场行为和金融秩序。

《指导意见》之后,互联网保险、互联网支付、股权众筹和网络借贷等领域的监管规则和相关政策也相继出台(见表10-1)。互联网保险是最先出台监管办法的领域。7月22日,中国保监会出台《互联网保险业务监管暂行办法》,对互联网保险"明界限,划红线,定规则,促规范",主要就参与互联网保险业务的经营主体、经营条件、经营区域、信息披露、监督管理等方面,明确了基本的经营规范和监管要求。随后在9月30日,中国保监会进一步出台《互联网保险业务信息披露管理细则》,对互联网保险信息披露主体、需要披露的内容、披露工作的流程和责任等进行规定。互联网支付方面,7月31日,中国人民银行发布《非银行支付机构网络支付业务管理办法(征求意见稿)》,向社会公开征求意见,引起业界的极大关注。该征求意见稿对支付机构及其业务作出规定,特别提出支付机构不得为金融机构,以及从事信贷、融资、理财、担保、货币兑换等金融业务的其他机构开立支付账户。股权众筹和网络借贷方面,《最高人民法院关于审理民间借贷案件适用法律若干问题的规定》首次明确了网络借贷的担保责任和利率范围,指出了网络借贷平台的"媒介中介"地位和借贷双方应承担的责任;国务院发布的《关于加快构建大众创业万众创新支撑平台的指导意见》提出,要稳步推进股权众筹,规范发展网络借贷;银监会会同工业和信息化部、公安部、国家互联网信息办公室等部门起草的《网络借贷信息中介机构业务活动管理暂行办法(征求意见稿)》明确网贷业务是金融信息中介业务，对网贷业务经营范围采取以负面清单为主的管理模式，加强了投资人保护。另外，在《中共中央关于制定国民经济和社会发展第十三个五年规划的建议》中，明确提出要规范发展互联网金融，为进一步的政策规则提供了指导。

表 10 - 1　2015 年出台的互联网金融相关的政策文件

发布时间	政策文件名	互联网金融政策
4 月 27 日	《国务院关于进一步做好新形势下就业创业工作的意见》	肯定互联网金融拓宽创业投融资渠道的积极作用，鼓励开展股权众筹融资试点，积极探索和规范发展互联网金融，促进大众创业
6 月 16 日	《关于大力推进大众创业万众创新若干政策措施的意见》	提出要支持互联网金融发展，引导和鼓励众筹融资平台规范发展，开展公开、小额股权众筹融资试点
7 月 4 日	《国务院关于积极推进"互联网 +"行动的指导意见》	促进互联网金融健康发展，培育一批具有行业影响力的互联网金融创新型企业。规范发展网络借贷和互联网消费信贷业务，鼓励互联网企业依法合规提供创新金融产品和服务
7 月 18 日	《关于促进互联网金融健康发展的指导意见》	提出"鼓励创新、防范风险、趋利避害、健康发展"的总体要求，确立了互联网支付、网络借贷、股权众筹融资、互联网基金销售、互联网保险、互联网信托和互联网消费金融等互联网金融主要业态的监管职责分工，落实了监管责任，明确了业务边界
7 月 22 日	《互联网保险业务监管暂行办法》	支持和鼓励互联网保险创新，开展适度监管，就参与互联网保险业务的经营主体、经营条件、经营区域、信息披露、监督管理等方面，明确了基本的经营规范和监管要求

续表

发布时间	政策文件名	互联网金融政策
7月31日	《非银行支付机构网络支付业务管理办法（征求意见稿）》	对支付机构及其业务作出规定，明确客户管理、风险管理、监督管理、法律责任等方面的要求，提出支付机构不得为金融机构，以及从事信贷、融资、理财、担保、货币兑换等金融业务的其他机构开立支付账户
8月6日	《最高人民法院关于审理民间借贷案件适用法律若干问题的规定》	首次明确了P2P担保责任，从法律上对P2P去担保化问题给出了明确定位。并明确指出了P2P平台的"媒介中介"地位和借贷双方约定的利率范围以及需相应承担的责任
9月26日	《关于加快构建大众创业万众创新支撑平台的指导意见》	稳步推进股权众筹，规范发展网络借贷
9月30日	《互联网保险业务信息披露管理细则》	明确信息披露主体是开展互联网保险业务的保险机构，规定了这些主体需要披露的内容、披露工作的流程和责任
10月12日	《关于进一步加强知识产权运用和保护助力创新创业的意见》	支持互联网知识产权金融发展，鼓励金融机构为创新创业者提供知识产权资产证券化、专利保险等新型金融产品和服务
11月3日	《中共中央关于制定国民经济和社会发展第十三个五年规划的建议》	规范发展互联网金融。扩大民间资本进入银行业，发展普惠金融，着力加强对中小微企业、农村特别是贫困地区金融服务
12月28日	《网络借贷信息中介机构业务活动管理暂行办法（征求意见稿）》	加强投资人保护，限制经营模式，严格信息披露，界定P2P监管分工，实行负面清单制度

资料来源：根据互联网资料整理。

2015 年《指导意见》的颁布和部分细分领域相关政策的出台，开启了互联网金融的规范发展之门，市场上通过监管的缺位和漏洞进行套利的空间逐步缩小。但《指导意见》还只是一个框架性质的政策文件，行业真正走向规范、健康的发展之路，还需配套政策和各个细分领域监管细则尽快出台。对于因政策空白而"野蛮"发展起来的互联网金融机构和从业者来说，当前恐怕是"盼政策"和"怕政策"的矛盾心理交织在一起。一方面，希望"政策靴子"尽快落地，以便清楚边界红线；另一方面，又担心监管细则出来后，减少了市场灵活性，多了责任和束缚。无论是从行业健康发展，还是保护金融完全和消费者利益，互联网金融监管政策的健全和完善是必须要做的事情，而且可以预见，到来的时间不会太长，届时互联网金融行业将重新洗牌，并逐步趋于健康有序。

三　互联网巨头全面布局，行业整合和淘汰加速

互联网企业涉足金融领域已是大势所趋，尤其是在互联网金融浪潮下，互联网企业具有技术、流量、用户、创新等方面的优势，而且也容易获得风投的支持，因此纷纷布局互联网金融。在这方面，BAT和京东是领先者，是标杆，小米、乐视、携程、58等是追赶者。

BAT对金融业务的布局几乎涉及当前互联网金融的所有领域，包括支付、理财、网贷、众筹、银行、基金、保险、征信等。阿里巴巴以蚂蚁金服为平台，是目前对互联网金融布局最全、力度最大的互联网公司。腾讯在互联网金融各领域也基本覆盖，不过在P2P领域相对其他互联网公司来说要谨慎一些，动作也慢一步。虽然业界多次传出腾讯欲收购P2P公司或上线P2P平台，但目前主要通过旗下财付通来涉足P2P业务。相对于阿里巴巴和腾讯，百度的互联网金融布局较慢。但自2015年下半年以来，百度在互联网金融领域动作频频，先是与中信银行合作成立百信银行，联手安联保险发起设立百安保险，然后与国金证券合作，推出"国金百度大数据基金"，在银行、保险、基金三大领域发力。另据媒体报道，百度还在12月认购了宜人贷1000万美元新股，成为宜人贷"基石投资者"，进而布局P2P。京东近两年在互联网金融频频出手，已取得支付、小贷、保理、基金销售支付结算等金

融牌照，在消费金融、供应链金融等领域风生水起，其势头直追阿里巴巴。保险领域，京东在 2015 年 5 月份与保险公司合作推出了众筹跳票取消险、海淘交易保障险、投资信用保障险、家居无忧服务保障险、30 天无理由退换货险等互联网保险产品，并积极筹建互联网财险公司。除了 BAT 和京东这四大巨头外，小米、乐视以及因合并壮大而被行业称为"四小巨头"的新美大、58 赶集、携程去哪儿、滴滴出行也纷纷扎入互联网金融大潮之中，抢滩布局（见表 10 - 2）。

表 10 - 2　主要互联网企业在互联网金融领域的布局

公司	基础业务			渠道		网络借贷				股权类		保险	交易所
公司	技术	支付	征信	理财销售	基金	P2P/P2B	消费小贷	商户贷	银行	股票	股权众筹	保险	交易所
蚂蚁金服	√	√	√	√	√	投	√	√	√	√	投＋筹	投	√
腾讯金融	√	√	√	√	√	筹	√	√	√	√	√	投	
百度金融		√	筹	√	√		√		筹			筹	
京东金融		√	筹	√	√			√	筹	投	√	筹	
小米		√	筹		√	投			筹	投			
乐视				筹		投		筹					
新美大				√	筹		筹						
58 赶集				√	√		√						
携程				√	√		√						
去哪儿				√			√						
滴滴出行					筹								

注："√"表示已布局，"投"表已投资相关公司或平台，"筹"表示正在筹备相关业务。

资料来源：根据企业智酷及互联网材料整理，资料收集截至 2015 年 11 月。

BAT都在朝着全业务、广覆盖的方向布局互联网金融，各自围绕自身在原生互联网的优势，主力构建闭环的互联网金融生态圈，并逐步向传统金融领域扩张，相互间的竞争日益激烈。在互联网时代，百度、阿里巴巴、腾讯分别依靠搜索、电商、社交工具各自打造了自己的帝国，直接的业务冲突不多。在移动互联网时代，个人消费和社交是业务布局和扩展的出发点，三巨头在越来越多领域进行竞争，冲突加剧。互联网金融是个人消费的重要场景，而且背后是巨量资金带来的强大力量，因此，三巨头的冲突是不可避免的。当前各家还主要是从各自的优势和专长出发占位抢点，才刚刚开始赛跑。百度利用其搜索优势和大数据分析平台，将流量和数据资源变现，围绕O2O布局，构建消费场景，打造闭环金融体系。在银行、保险等重点领域，百度更倾向于与传统金融机构合作，以借助传统金融机构的专业能力和风险管理能力。阿里巴巴涉足互联网金融最早，甚至互联网金融的兴起也与阿里巴巴有很大的关系。阿里巴巴的互联网金融布局依托电子商务优势，从互联网支付出发，重点围绕消费金融和小微金融，从多业务线进行推进，到目前几乎实现了金融全牌照，构造了相对成熟的金融生态圈，呈现出"互联网金融控股集团"的势头。腾讯最大的优势在于基于社交和游戏的庞大用户群，其互联网金融布局缘起于微信红包，之后推着二维码的广泛应用逐步形成以个人消费为主的金融体系，并取得了银行、征信等金融牌照。虽然腾讯有着社交和用户优势，流量较大，场景较广，但相对于阿里巴巴来说腾讯在金融领域较为谨慎，微信支付强调只做通道，金融板块在腾讯内部的地位也不如阿里巴巴。

随着互联网巨头加快全面业务布局以及新进入者剧增，互联网金融领域竞争加剧，再加上监管政策逐步出台，行业开始进入整合阶段。在互联网领域，赢者通吃，强者越强。互联网金融也不例外。第一，BAT、京东等巨头通过并购一些具有潜力的平台来弥补自己布局不足的领域。第二，互联网理财、P2P网贷、个人征信、网络银行、分期、众筹等每个细分领域正在进行着激烈竞争，并已成长起一家或几家具有特色、处于领先地位的平台。第三，互联网巨头、金融机构和部分起步较早的公司已构建起综合性互联网金融平台，后进入的机构在综合性互联网金融平台方面机会已不多，开始向专业性、细分化的领域突围。资本的态度也反映出了互联网金融走向整合的趋势。一方面，资本对互联网金融更加理性和谨慎，有数据显示，2015 年获得 A 轮融资的比例仅为 28%，相比 2014 年下降了 21 个百分点。另一方面，互联网金融平台的收购和集中化趋势明显加快，收购比例从 2014 年的 2% 上升到 2015 年的 11%。

四　移动支付表现抢眼，互联网保险异军突起

随着移动互联网和智能手机的广泛普及，以及电子商务和 O2O 业务的快速增长，我国移动支付发展迅猛，交易规模持续高速增长，市场争夺日趋激烈。CNNIC 的数据显示，手机网上支付已成为重要的手机互联网应用，网民使用率达到 57.7%，超过手机网络购物（54.8%）和手机网络游戏（45.1%）。中国人民银行的统计数据显示，2015 年前三个季度银行机构处理移动支付交易金额分别为 39.78 万亿元、26.81 万亿元和 18.17 万亿元，同比增长分别为 921.49%、445.14% 和 194.86%（见图 10 – 4）。第三方移动支付增速虽然没有银行机构的移动支付高，但也基本保持 50% 左右的增速。艾瑞咨询的数据显示，2015 年前三个季度第三方移动支付交易金额分别为 20015.6 亿元、22966.2 亿元和 24204.9 亿元，同比增长分别为 42.2%、69.7% 和 64.3%（见图 10 – 5）。在所有第三方支付方式中，移动支付已成为增长最快和最受用户欢迎的支付方式。2015 年，用户支付习惯从 PC 端向移动端迁移的趋势十分明显，有市场调查显示，2015 年第三季移动支付已超过互联网支付，成为网民最常使用的支付方式。蚂蚁金服对外发布的 2015 年支付宝账单数据显示，支付宝移动端支付占比达到 65%。

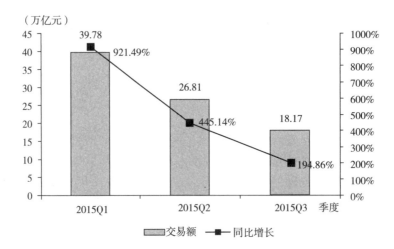

图 10－4　2015 年前三季度银行机构手机支付交易金额及增长率

资料来源：中国人民银行。

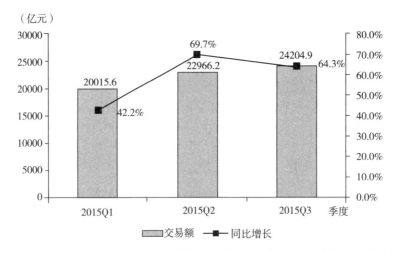

图 10－5　2015 年前三季度第三方移动支付市场规模及增长率

资料来源：艾瑞咨询。

从第三方移动支付的市场格局来看，主要互联网企业基本都已进入，金融机构和移动运营商也纷纷推出移动支付产品，市场竞争日益激烈，但支付宝一家独大、财付通大力追赶、众多支付品牌共存的局面基本确定。2015 年第三季度，支付宝占了 69.9% 的市场份额，财付通占19.2%，两者之和近90%（见图10-6）。支付宝和财付通背靠阿里巴巴和腾讯两大互联网巨头，充分利用这两个互联网巨头的O2O生态体系，在2015年以"二维码支付"为利器，掀起线下支付补贴大战，在支付场景、合作商户和用户方面展开激烈争夺。面对如此形势，中国银联联合23家银行发布"云闪付"，力求抱团抢夺移动支付市场份额。苹果公司也开始进军中国市场，与中国银联达成合作，在中国推出Apple Pay，三星电子也计划推出Samsung Pay服务。

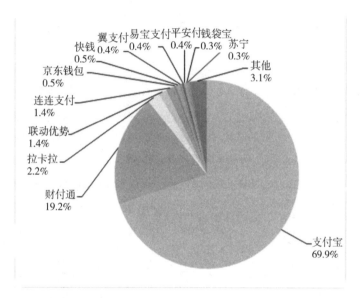

图10-6　2015年第三季度中国第三方移动支付市场份额分布情况

资料来源：艾瑞咨询。

近年来，互联网与保险业的融合不断深化，以移动互联网、大数据、物联网为代表的新一代信息技术促进保险业创新，互联网保险突飞猛进，成为互联网金融中的一个新亮点。根据中国保险协会的数据，2014年中国互联网保险业务收入为858.9亿元，比2011年提升了26倍，成为拉动保费增长的重要因素之一。进入2015年，互联网保险的发展势头有增无减。2015年前三季度，互联网人身险保费首次突破千亿元，实现累计年化规模保费1181.9亿元，同比增长高达332.24%；

累计互联网财产险保费收入 557.85 亿元，同比增长 61.45%。2015 年全年互联网保险保费收入突破 2000 亿元规模，从事互联网保险经营的公司数量也从 2011 年的 28 家增长到超过 100 家，互联网保险保费占全行业保费收入的比例从 2011 年的 0.2% 上升到 8.2%，对全行业保费增长的贡献率达到约 15%（见图 10 – 7、图 10 – 8、图 10 – 9）。

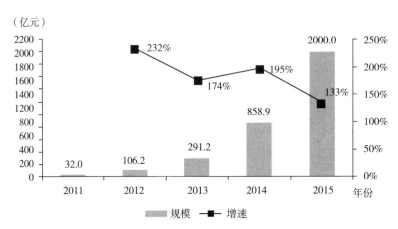

图 10 – 7　2011～2015 年我国互联网保险保费规模增长情况

资料来源：中国保险行业协会。

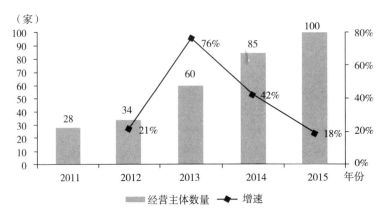

图 10 – 8　2011～2015 年我国互联网保险经营主体增长情况

资料来源：中国保险行业协会。

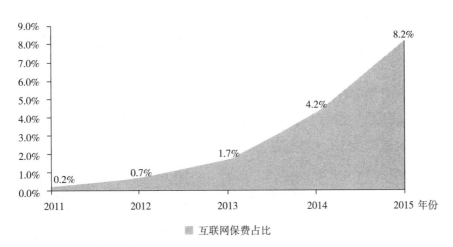

图 10 - 9　2011 ~ 2015 年我国互联网保险保费占行业比重情况

资料来源：中国保险行业协会。

在互联网渠道中，第三方平台和移动终端发展较快。财险公司与第三方平台的跨界合作越来越深入，从综合电商、门户平台到垂直电商都成为保险销售的合作平台，合作产品包括车险、旅游险、意外险、家财险、电子商务交易保险等。在 2015 年上半年，各财险公司通过移动终端销售的保费收入超过了与第三方网络平台合作销售的保费收入。

互联网保险的快速发展吸引了众多行业内外相关机构的关注。一是传统保险公司加快布局互联网保险，纷纷打造电子商务平台。比如，人保财险积极筹建电子商务公司，中华联合保险控股公司与旗下子公司中华联合财险共同出资成立万联电子商务股份有限公司；二是新的互联网保险公司不断成立，易安保险、安心保险、泰康在线财险获得保监会批准，还有不少筹建中的互联网保险公司等待保监会批复；三是新兴创新公司不断涌现，如意时网、最惠保、OK 车险等。经过近几年的发展，我国互联网保险形成了保险公司官方网站营销、第三方电子商务平台、网络代理中介、专业互联网保险公司、保险公司控制的专门电子商务平台等几种主要模式。另外，一些提供保险产品搜索、比价、信息服务的平台也在纷纷出现。

五 P2P和众筹频现跑路潮，行业乱象集中爆发

近几年，P2P以较高的收益、高效便捷的投资方式吸引了越来越多的投资者，P2P平台数量和业务量迅猛发展。截至2015年12月，累计P2P平台数量为3858家，过去一年里月均新增160家（见图10-10）。

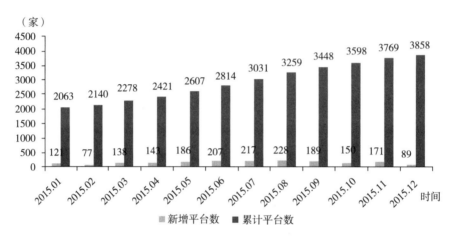

图 10-10 新增 P2P 平台数量和累计 P2P 平台数量增长情况

资料来源：网贷之家。

但在行业快速发展的同时，越来越多问题暴露出来，乱象频发，大批平台"跑路"或提现困难，一些平台更是涉及非法经营，被监管部门调查。截至2015年12月，正常运营的平台数量为2595家，只有累计数量的67.3%，也就是说，超过30%的P2P平台已不存在或不能正常运营了（见图10-11）。2015年出现问题的P2P平台数高达896家，是2014年的3倍多（见图10-12）。在所有的问题平台中，"跑路"的平台最多，数量占55%；其次是出现提现困难，无法按时向投资人还本付息，这部分平台数占了29%；再次是停止营业，其数量占了15%；另外，还有9家平台涉嫌违法，遭到了监管部门和公安机关的调查（见图10-13）。12月8日，累积投资规模高达750亿元的P2P平台"e

租宝"因涉嫌违法经营活动被公安部门查封调查，引起了行业震动，也进一步揭露出了P2P行业中的乱象和问题。

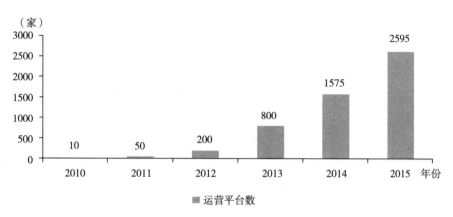

图10－11　正常运营的P2P平台数量增长情况

资料来源：网贷之家。

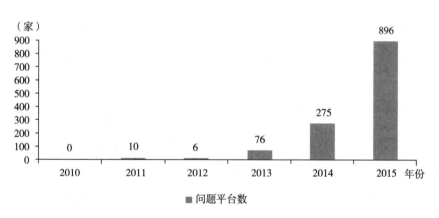

图10－12　有问题的P2P平台数量增长情况

资料来源：网贷之家。

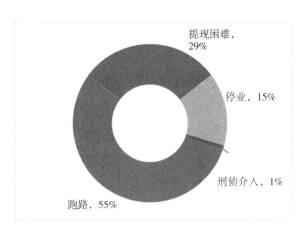

图 10 –13　P2P 问题平台分类占比情况

资料来源：网贷之家。

P2P 网贷平台问题频现有多方面的原因。第一，自国内第一家 P2P 平台成立以来，网贷行业就一直处于无准入门槛、无监管机构、无行业标准的"三无"状态。这种"三无"吸引了大量创业者进入，使得 P2P 平台数量激增，但许多创业者和平台管理者不具备金融专业知识，缺乏风险管控能力，进而经营不善。其次，许多平台的盈利模式尚未形成或者不具有持续盈利能力。目前 P2P 平台的利率远高于银行贷款，但借款人的资质却很低，一些平台为维持运营，通过自建资金池、频繁拆标、自融等方式扩大业务规模，这种方式风险极大。第二，我国社会信用体系不完善，网络信用评价技术也不成熟，P2P 平台被迫采取线下方式对借款人进行审核评估，推高了成本。第三，虽然 P2P 平台以较高的利率吸引了一些客户，但客户的规模还较小，还需要一定时间的培育。第四，随着竞争越来越激烈，优质资产日益稀缺，再加上国内经济不景气，"资产荒"制约了 P2P 平台的产品收益率，进而引起网贷利率的持续下降，而利率下降意味着流失客户、削弱吸引力。网贷行业平均利率从 2014 年的 3 月份开始一路下滑，到 2015 年 11 月时几乎下跌了一半（见图 10 – 14）。第五，一些 P2P 平台在成立之初就是以"赚快钱"为目的，借 P2P 之名进行非法集资和诈骗。

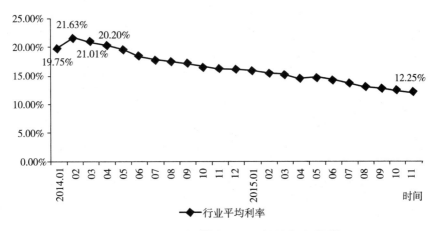

图 10 – 14 P2P 网贷行业平均利率变化情况

资料来源：网贷之家。

　　相对于 P2P 来说，2015 年众筹在发展规模和行业影响上都要小很多，但众筹平台的倒闭和"跑路"现象也呈现出加剧态势。根据网贷之家的统计，截至 2015 年 12 月，全国正常运营的众筹平台为 283 家（含私募股权融资平台），较 2014 年增长 99.3%；每月新上线平台数量在 6 月份达到高峰后开始逐渐下滑，倒闭和转型的众筹平台超过 40 家（见图 10 – 15、图 10 – 16）。也就是说，众筹在国内才诞生两年左右时间，就有超过 13% 的平台消失了。对众筹平台来说，对投资项目的把控能力非常重要。许多平台倒闭是因为平台规模小，标的和项目没人参与，经营难以为继。而运营较好的众筹平台一般有着深厚的股东背景或创始人背景，对项目的把控能力强，更容易筹集到资金。

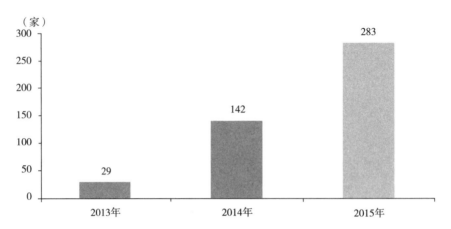

图10－15　2013～2015年正常运营的众筹平台数量

资料来源：网贷之家。

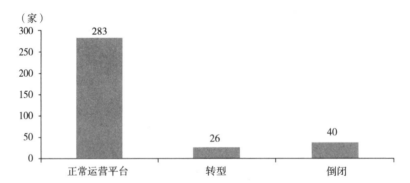

图10－16　2015年我国正常运营、转型和倒闭的众筹平台数量

资料来源：网贷之家。

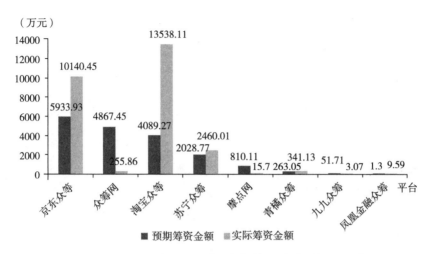

图 10 − 17　2015 年 11 月部分众筹平台新增项目预期
筹资金额与实际筹资金额对比

资料来源：网贷之家。

六　社会资金对互联网金融热情不减，投资并购活动增多

2015 年，中国互联网金融发展呈现出"分裂"局面，一方面是 P2P 平台和众筹平台"跑路"潮不断、问题频发；另一方面是整个行业仍蓬勃发展，呈现出独特的发展潜力。在这样的背景下，各路资本对互联网金融热情并未减弱，仍在"抢滩布阵"，投资规模进一步加大。根据清科中心的统计，2014 年共发生 193 起互联网金融投资案例，披露投资金额 14.2 亿元。2015 年上半年，投资案例数为 133 起，是 2014 年全年的 69%；披露金额 26.14 亿美元，已超过 2014 年全年（见图 10 − 18）。

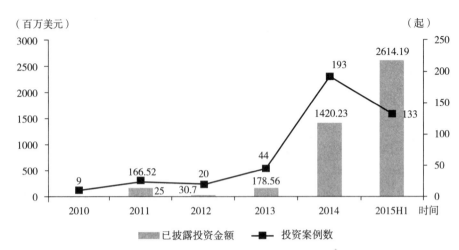

图 10 -18　2010～2015 年上半年互联网金融行业
投资案例与已披露金额情况

资料来源：清科中心。

从细分领域发生的投资案例数看，P2P 仍是最受投资机构青睐的领域，发生的投资案例最多，占行业案例总数的比例从 2014 年的 24.35% 上升到 2015 年上半年的 27.07%；其次是金融网销，占行业案例总数的比例从 2014 年的 22.28% 上升为 2015 年上半年的 24.06%；再次是消费金融，占行业案例总数的比例从 2014 年的 8.8% 上升为 2015 年上半年的 12.03%（见表 10 -3）。从细分领域已披露的投资金额来看，金融网销获得的投资金额最多，占比达 42.51%；其次是 P2P，占比为 31.56%；消费金融占比为 11.77%。金融网销之所以获得近半的投资金额，是由于金融网销较其他领域相对成熟且风险较小，产业整合幅度也相对较大。

表 10 − 3　2015 年上半年互联网金融细分领域投资分布情况

行业	投资案例数	比例	投资案例数（起）	比例	投资金额（百万美元）	平均投资金额（百万美元）
P2P	36	27.07%	30	27.27%	825.14	27.50
金融网销	32	24.06%	30	27.27%	1111.36	37.05
消费金融及资讯	16	12.03	15	13.64%	307.82	20.52
众筹融资	10	7.52%	10	9.09%	34.53	3.45
大数据 & 征信	5	3.76%	3	2.73%	47.74	15.91
第三方支付	5	3.76%	2	1.82%	26.27	13.14
供应链金融	5	3.76%	4	3.64%	10.65	2.66
其他	14	10.53%	9	8.18%	213.73	23.75
合计	133	100.00%	110	100.00%	2614.19	23.77

资料来源：清科中心。

从投资轮次来看，天使轮投资案例数占比减少，从 2014 年的 35%下降到 2015 年上半年的 18.05%，投资额占比也较低，仅为 0.44%；A轮投资案例数占比最多，从 2014 年的 43%上升到 2015 年上半年的45.11%，投资金额占比高达 86.08%；B 轮投资案例数占比也有所上升，从 2014 年的 9%上升到 2015 年上半年的 12.03%，投资金额占比为 6.53%（见表 10 − 4）。这反映出资本对初创的互联网金融平台趋于谨慎，更加看重已经具有一定基础和能力的互联网金融平台。

表 10 – 4　互联网金融投资轮次分布情况

轮次	2015 年上半年			2014 年				
	投资案例数（起）	投资案例数占比	平均投资金额（百万美元）	投资案例数（起）	投资案例数占比	投资金额（百万美元）	投资金额占比	平均投资金额（百万美元）
天使	68	35.23%	1.02	24	18.05%	11.58	0.44%	0.50
A	82	42.49%	10.64	60	45.11%	2250.25	86.08%	42.46
B	17	8.80%	19.84	16	12.03%	170.65	6.53%	13.13
C	8	4.15%	38.54	4	3.01%	60.00	2.30%	30.33
D			5.75	2	1.50%	51.64	1.98%	25.82
其他	18	9.33%	8.82	27	20.30%	70.07	2.68%	4.12

资料来源：清科中心。

　　从参与的投资机构来看，在中国互联网金融投资市场上的投资机构近150家，其中华创资本、IDG、红杉资本、软银中国、经纬中国等知名机构投资最为活跃。根据公开数据统计，红杉资本在互联网金融领域投资超过20家企业，经纬中国投资了近20家，IDG和华创资本则在这一领域则分别下注35家和40多家。

　　随着涉足互联网金融的企业数量不断增多、竞争加剧，并购整合也日趋活跃。进入2015年，在P2P、众筹等领域频频出现平台"跑路"和倒闭的同时，并购活动也大幅增长。根据清科中心的统计，2015年上半年互联网金融行业并购案例数为28起，披露总金额达9.43亿美元，平均每起并购金额达4961.84万美元，较上年同期都有大幅增加。从细分领域看，无论是并购案例数还是并购金额，P2P领域占比都超过50%，是并购交易的最大主战场；其次是金融网销领域，发生了6起并购案例，占全部案例数的21.43%（见图10 – 19）。

第十章　互联网金融开始从野蛮生产走向理性发展

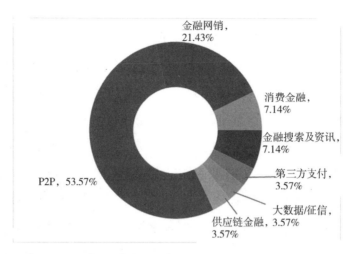

图 10 - 19　2015 年上半年互联网金融行业并购案例数分布情况

资料来源：清科中心。

另外，互联网金融企业也在积极谋划上市，力图踏出新的融资之路。限于国内 IPO 的限制，许多互联网金融企业把上市地点选择在中国香港和美国，或者通过与上市公司合作、借壳挂牌"新三板"等方式为自己增信、融资。2015 年 12 月 18 日，宜人贷在美国纽交所宣布上市，成为纽交所中国互联网金融第一股，进一步激发了互联网金融对企业上市融资的渴求。

七　行业将走向规范发展，"五化"成重要发展趋势

2015 年十部委联合出台《关于促进互联网金融健康发展的指导意见》开启了互联网金融监管之门，《网络借贷信息中介机构业务活动管理暂行办法（征求意见稿）》的发布标志着更严、更细的监管举措即将到来，中国互联网金融协会获得批复成立意味着行业规范和自律将加强。2016 年，互联网金融监管将步入落地实施阶段，党中央和国务院已开始部署互联网金融专项整治工作，《网络借贷信息中介机构业务活

动管理暂行办法》将正式颁布，更多的细化政策和监管措施将出台，地方政府也将配合中央加强地方互联网金融监管。

随着监管的加强，互联网金融行业将走向规范发展，之前野蛮疯狂的增长时代将结束，行业将重新"洗牌"，优胜劣汰和并购整合将成为新的发展模式。第一，虚假欺骗类网贷平台将再无生存空间，打着互联网金融幌子非法集资等行为将受到严厉打击，触犯政策红线的平台将难以存续。第二，收益率告别"虚高"，逐步回归合理区间，那些产品同质化，缺乏创新性，单纯通过高收益回报来吸引用户注册和投资的平台将被淘汰出局。第三，风险控制是互联网金融平台的核心，那些根基差、资本实力弱、风险控制体系不健全的平台将因抵抗不住风险而倒下。第四，传统金融机构凭借自身在金融领域的优势和强大的资本实力，将与互联网金融企业一起逐步成为互联网金融中的主导力量，这是政策和市场驱动的必然结果。第五，并购整合将加剧，互联网金融平台将加快生态体系构建。随着竞争加剧，行业里的领先企业为扩大市场规模或完善产品线，将通过资本的力量对优质的创业公司进行兼并或收购，很多企业将会进行并购重组，尤其是互联网金融相关上市企业的并购现象将增多。同时，站稳脚跟的互联网金融平台将通过上下游延展、与其他公司合作等方式来打造自己的生态体系，由金融机构、互联网企业、生活服务商、第三方机构等参与方构成的互联网金融生态体系有望逐渐成型。

随着行业逐渐规范和竞争加剧，互联网金融将向横向综合化、纵向垂直化、移动化、场景化、融合化的"五化"趋势发展。

首先，在横向和纵向两个方向，互联网金融将加快综合化和垂直化发展步伐（见图10－20）。横向综合化就是走平台化发展模式，不断扩张和整合资源，构建完整生态体系。由金融机构、互联网企业、生活服务商、第三方机构等参与方构成的互联网金融生态体系有望逐渐成型。纵向垂直化就是针对细分领域和个性化需求对用户进行准确定位，打造专业化、精细化的移动金融平台，比如，面向某个行业提供融资服务的 P2P 平台，针对学生、蓝领或初入职场的白领们提供消费分期的消费金融平台等。

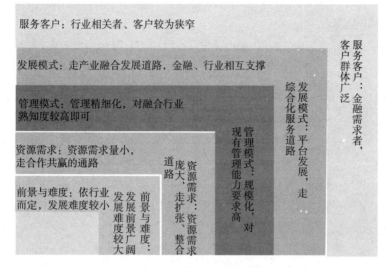

图 10 - 20　移动金融的两极化发展路径

资料来源：易观智库。

其次，互联网金融移动化步伐将加快，移动金融将成为互联网金融的"主战场"。随着智能手机和移动宽带网络的广泛普及，移动互联网逐渐取代 PC 成为最重要的互联网生活方式，越来越多的用户更加青睐移动端应用，互联网金融也不例外。互联网金融平台向移动端转型将是大势所趋。

再次，互联网金融将深入融入到场景中，再加上互联网金融加速移动化，"场景化移动金融"将是互联网金融的一个重要发展趋势。在移动互联网时代，用户的行为，包括社交、交易、支付等都将融入到具体场景中，用户是因某种生活场景而自然而然地使用移动应用。因此，移动金融必将与生活场景相融合，为用户在各种生活场景下提供便利的金融服务。以 BAT 为代表的互联网企业利用在移动应用、O2O 等方面的基础，已在对移动金融的场景化进行积极布局。而金融机构和其他移动金融参与者也已经意识到了场景化的趋势，正在加快探索和尝试。未来随着线下应用场景的不断开发和移动支付技术的不断成熟，移动金融的服务和应用场景将加快增长，进而不断推动移动金融在各个领域的渗透。

最后，互联网金融将向产业金融渗透，同时越来越多传统企业将涉足互联网金融领域，互联网金融与产业的相互融合渗透将加速。当前互联网金融在个人用户和消费领域发展迅速，未来互联网金融与企业和产业的关联、结合将日益密切，互联网金融将逐渐向产业金融方向拓展，并有望为传统企业融资、传统产业转型注入新的活力。与此同时，传统企业对互联网金融的布局也将加快，比如，万达、绿地、恒大等房地产企业已将互联网金融作为公司未来发展的重点。

第十一章　电子商务借力政策
实现量质双升

电子商务作为新兴产业和新兴业态得到政府的高度重视，政策方针密集出台优化电子商务行业环境，推动创新发展。在此背景下，2015年我国电子商务发展势头迅猛，移动电子商务、工业电子商务、跨境电子商务均呈现良好发展态势。

一　电子商务规模逆势增长，移动端方兴未艾

在全球经济复苏艰难曲折、国内经济下行压力持续加大的整体环境下，我国电子商务发展势头迅猛，交易额屡创历史新高，显示出蓬勃发展势头。国家统计局的数据显示，2015年我国全社会电子商务交易额预达到20.8万亿元，同比增长约27%，超额15.6%完成了《电子商务"十二五"发展规划》提出的发展目标，实现了电子商务交易额翻两番（见图11-1）。网络购物也呈现良好发展势头。CNNIC的数据显示，2015年，我国网络购物用户依然保持着稳健的增长速度。截至2015年12月，我国网络购物用户规模达到4.13亿，较2014年年底增加5183万，增长率为14.3%。伴随着网络购物用户的增长，2015年，我国网络零售交易额突破3万亿元，达3.88万亿元，同比增长39.1%（见图11-2）。其中，实物商品网上零售额为32 424亿元，同比增长31.6%，高于同期社会消费品零售总额增速20.9个百分点；占社会消费品零售总额的10.8%。我国移动电子商务也进入高速发展期。2015

年，我国手机网络购物用户规模达到 3.40 亿，同比增长 43.9%，手机
网络购物的使用比例由 42.4% 提升至 54.8%，移动电子商务市场交易
规模为 1.35 万亿元，年增长率达 51.2%，远高于中国网络市场零售额
的整体增速（见图 11 - 3）。

图 11 - 1　2004～2015 年中国电子商务交易额增长情况

资料来源：商务部。

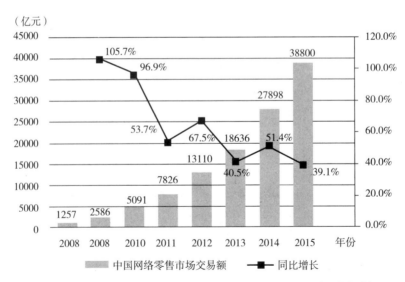

图 11 - 2　2008～2015 年中国网络零售市场交易额增长情况

资料来源：商务部。

移动电子商务已经不再仅仅限于网络购物，在旅游、餐饮、出租领域，都得到广泛的应用。2015 年中国移动电子商务交易额已占到中国网络零售额的 34.9%，比 2014 年增长 8.7%。

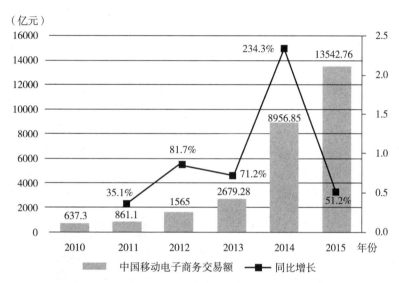

图 11 - 3 2010 ~ 2015 年中国移动电子商务市场交易额增长情况

资料来源：商务部。

二 工业电子商务发展迅速，行业和区域特点明显

随着各地方政府纷纷将电子商务作为地方经济转型的重要抓手，电子商务进一步加速了与工业行业等领域的深度融合，进入加速发展时期。根据国家统计局企业"一套表"平台的调查数据显示，"十二五"期间，全国规模以上工业企业电子商务交易额年均增长率达24.4%，预计 2015 年达到 4.2 万亿元，较上年增长 19.7%，占全国工业增加值的比例也相应提升至 17.4%（见图 11 -4）。同时，工业电子商务发展与行业开放程度、区域经济发展水平、企业规模及两化融合

发展水平呈明显的正相关关系。根据工信部电子一所2015年中国企业两化融合评估数据测算结果，从行业维度看，工业电子商务发展呈现出从消费品工业向装备制造业和原材料工业逐步渗透的趋势，在距离消费者越近的行业，互联网发展水平越高的行业，工业电子商务发展水平相应越高；从区域维度看，当前我国工业电子商务主要集中于华东、华北和华南等经济较为发达的地区，而华中、西南和西北等地正逐步崛起；从企业维度看，工业电子商务发展水平与企业规模和两化融合发展水平密切相关，越是规模较大的企业、两化融合发展水平较高的企业，工业电子商务的应用水平也越高。

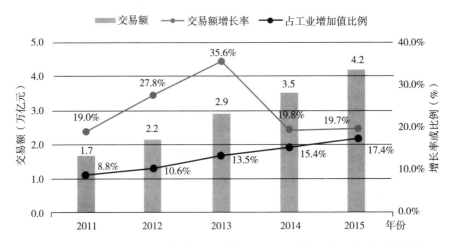

图11-4　2011～2015年全国规模以上工业企业电子商务交易额

资料来源：国家统计局。

三　跨境电子商务增长迅猛，试点示范建设效果显著

海关总署的数据显示，2015年我国货物贸易实现进出口总值24.59万亿元。面对世界市场萎缩，进出口压力不断增大的外部环境，我国跨境电子商务在相关政策的大力支持下，仍然呈现出蓬勃发展的良好态势。全年跨境电子商务交易额达到8552亿美元，同比增长42.5%。

其中，进口约 1248 亿美元，同比增长 56.47%；出口约 7304 亿美元，同比增长 40.39%（见图 11－5）。在国家政策扶持下，电子商务在全国多地区迅速普及。2015 年，国务院确定的跨境电子商务进口试点城市已达到 7 个，包括：上海、重庆、杭州、宁波、郑州、广州及深圳。2015 年 3 月，国务院又批准设立中国（杭州）跨境电子商务综合试验区。2015 年 8 月，商务部发布《商务部关于支持自由贸易试验区创新发展的意见》，支持自贸试验区发展跨境电子商务；同时，在总结评估中国（杭州）跨境电子商务综合试验区试点情况的基础上，在全国范围积极稳妥地开展扩大跨境电子商务综合试点工作，将海关监管、检验检疫、进出口税收和结售汇等方面的政策，优先向自贸试验区复制推广，促进跨境电子商务健康快速发展。

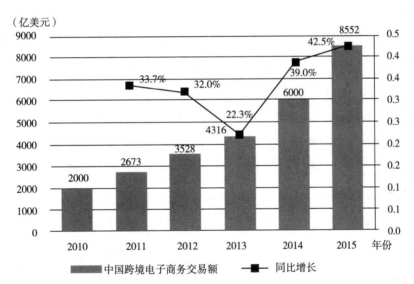

图 11－5　2010～2015 年中国跨境电子商务市场交易额增长情况

资料来源：海关总署。

四 政府积极推动电子商务创新发展，加强电子商务行业环境建设

电子商务行业的快速发展与政府政策紧密相关。2015 年，电子商务作为新兴产业和新兴业态得到政府的高度重视，政策方针密集出台推动电子商务创新发展。2015 年 3 月 5 日，在第十二届全国人民代表大会第三次会议上，国务院总理李克强在《政府工作报告》中三次强调电子商务的发展：第一，充分肯定了 2014 年电子商务、物流快递等新兴业态快速成长对产业结构调整的促进作用；第二，要扩大跨境电子商务综合试点，推动外贸转型升级；第三，制定"互联网＋"行动计划，推动移动互联网、云计算、大数据、物联网等与现代制造业结合，促进电子商务、工业互联网和互联网金融健康发展，引导互联网企业拓展国际市场。2015 年 5 月，国务院发布《国务院关于大力发展电子商务加快培育经济新动力的意见》（简称《意见》）。《意见》明确了三点原则：一是积极推动，主动作为、支持发展；二是逐步规范；三是加强引导。2015 年 6 月 16 日，国务院办公厅发布《国务院办公厅关于促进跨境电子商务健康快速发展的指导意见》，指出支持跨境电子商务发展，有利于用"互联网＋外贸"实现优进优出，有利于加快实施共建"一带一路"等国家战略；针对制约跨境电子商务发展的问题，有必要加快建立适应其特点的政策体系和监管体系。2015 年 9 月，国务院办公厅印发《关于推进线上线下互动加快商贸流通创新发展转型升级的意见》，落实促进商业模式创新、支持实体店转型的政策措施，加快推进传统零售业、批发业、物流业、生活服务业、商务服务业深化互联网应用，实现转型升级。2015 年 10 月，国务院办公厅印发《国务院办公厅关于促进农村电子商务加快发展的指导意见》，提出农村电子商务是转变农业发展方式的重要手段，是精准扶贫的重要载体。通过大众创业、万众创新，发挥市场机制作用，加快农村电子商务发展，把

实体店与电商有机结合，使实体经济与互联网产生叠加效应，对于促消费、扩内需，推动农业升级、农村发展、农民增收具有重要意义。

同时，为加强电子商务行业环境建设，国家在推行相关法律法规方面可谓不遗余力。2013年12月，全国人大启动《中华人民共和国电子商务法》立法工作。在这次立法中，全国人大采用了四步走的立法方法。国家工商总局坚持创新与规范并重，出台《网络商品和服务集中促销活动管理暂行规定》《关于加强网络市场监管的意见》等政策措施；深入推进技术手段与监管业务的融合，初步建成"全国网络交易平台监管服务系统"，全国已经建成29个省级网监平台，地市级网监平台建设也在加快推进，有效提高了网络交易商品定向监测水平；成功开发"全国企业信用信息公示系统手机版"，并于2016年1月1日正式投入运行，实现了电脑版公示系统在移动互联领域的延伸和拓展。2015年10月26日，国务院办公厅发布《国务院办公厅关于加强互联网领域侵权假冒行为治理的意见》，针对互联网领域侵犯知识产权和制售假冒伪劣商品违法犯罪行为的多发高发态势，部署打击网上销售假劣商品、打击网络侵权盗版、提升监管信息化水平三项重点监管工作，力求遏制互联网领域侵权假冒行为多发高发势头，净化互联网交易环境，促进电子商务健康发展。2015年，商务部制定了《2015年全国打击侵权假冒工作要点》，基本完成行政执法与刑事司法"两法衔接"，中央信息共享平台和26个省级地方信息共享平台的建设，建立了"全国侵权假冒物品数据库"和"全国产品防伪溯源验证公共服务平台"，推进侵权假冒行政处罚信息公开，建立信息公开统计月报与抽查制度。商务部2014年12月颁布了《网络零售第三方平台交易规则制定程序规定》；2015年颁布了《电子商务物流服务规范》（SB/T 11132 - 2015)、《电子商务商品理赔技术要求》（SB/T 11133 - 2015)、电子商务商品标价通用技术条件（SB/T 11134 - 2015)、电子商务企业认定规范（SB/T 11112 - 2015)、贸易融资业务中第三方提供电子贸易信息查询服务规范（SB/T 11113 - 2015)等标准规范。

第十二章　人工智能加速
进入新一轮繁荣期

一　基础技术取得突破，人工智能
发展步入新阶段

2006 年，深度学习神经网络的提出，使得人工智能性能获得突破性进展，2013 年，深度学习算法在语音识别和计算机视觉取得成功，识别率分别超过99％和95％，人工智能从计算智能逐渐过渡到感知智能，并进一步向认知智能发展。2015 年，基于 GPU（图形处理器）的云计算异军突起，以远超 CPU 的并行计算能力获得业界瞩目。同时得益于互联网、社交媒体、移动设备和传感器，使用统计模型来进行数据的概率推算的图像、文本或者语音识别算法在大量数据的支撑下，得到了有效的训练，性能得到大幅度提升（见图 12－1）。同时，深度学习算法、卷积神经网络、递归神经网络以及长短时模型等算法的不断优化也将人工智能带上了一个新的台阶，将对一大批产品和服务产生深远影响。云计算、大数据、深度学习等新一代信息技术的突破带来的技术红利逐渐体现，使得人工智能逐渐从后台走向前台，围绕人工智能技术的产业化进程加快。

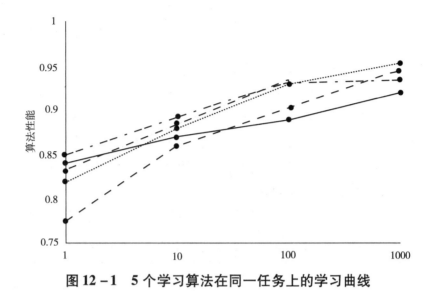

图 12－1　5 个学习算法在同一任务上的学习曲线

资料来源：*Artificial Intelligence，A Modern Approach（Third Edition）*。

二　技术突破助推产业升级，人工智能上升为国家战略

随着大数据、云计算、移动互联网为代表的新一代信息技术与机器人技术的融合创新加速，美国、欧盟、日本等国家和组织积极推动以智能语音、人工大脑、智能机器人为代表的人工智能领域关键技术研发和产业化。在智能语音领域，美国国防部先期研究计划局（DAR-PA）将多语言、复杂环境下的语音识别和自然语言深度处理技术等技术作为攻破重点，长期进行语音关键技术研发，并将取得的各类基础性研究成果逐步融入军事系统和智能操作中心。欧盟、日本等也高度重视智能语音技术研发以及产业化，并取得了显著成效。在智能机器人领域，美国、欧盟等国家和组织纷纷作出战略部署，致力于开发出具有自主学习和自主解决问题能力的新型智能机器人，并通过互联网和知识库进行交互，提升机器人的智能化水平，抢占机器人产业发展制高点。在人工大脑领域，美国 2013 年启动创新神经技术脑研究

（BRAIN）计划，由美国国立卫生研究院（NIH）、国家科学基金会（NSF）、DARPA、白宫科技政策办联合承担。同年，为期10年的欧盟人脑计划（HBP）入选欧盟未来旗舰技术项目，整体投资接近11.9亿欧元。目前，美国和欧洲已就以上人工大脑计划展开合作。2015年，日本政府决定在东京成立"人工智能研究中心"，从全球招揽100名以上科技人才，集中开发人工智能相关技术。日本政府先期投入10亿日元研究资金，争取尽快取得成果，并提供给企业转化成新产品和新技术，缩短与美欧的差距（见表12－1）。

表12－1　主要国家和组织人工智能相关技术及领域发展举措

领域	国家/组织	举措	目标
智能语音	美国	DARPA自2005年分别启动GALE、CALO、MADCAT、RATS、BOLT、DEFT、TRAN-STAC等多个项目	重点攻破多语言、复杂环境下的语音识别和自然语言深度处理技术，提升军事作战自动化水平
智能机器人	美国	"再工业化"战略、先进制造伙伴计划（AMP）、发布《机器人技术路线图：从互联网到机器人》	开发基于互联网的新一代智能机器人
	欧盟	第七框架计划、机器人地球（RoboEarth）计划	开发基于互联网的新一代智能机器人
	日本	机器人技术长期发展战略	将机器人产业作为"新产业发展战略"中七大重点扶持的产业之一，并加大投入扶持
	韩国	服务机器人发展战略	扩大韩国机器人产业并支持国内机器人企业进军海外市场

续表

领域	国家/组织	举措	目标
人工大脑	美国	BRAIN 计划（项目期超过 10 年）	通过研发一系列研究大脑活动的工具了解人类思维
	欧盟	HBP 计划（项目期 10 年）	用电脑模拟的方法构建整个人类大脑
人工智能	日本	成立"人工智能研究中心"	集中开发人工智能相关技术，争取尽快取得成果，并提供给企业转化成新产品和新技术

资料来源：工业和信息化部电子科学技术情报研究所整理。

我国政府高度重视人工智能技术及产业化应用。2015 年 7 月，国务院印发《关于积极推进"互联网＋"行动的指导意见》，第十一项行动指出，大力发展"互联网＋"人工智能，加快人工智能核心技术突破，促进人工智能在智能家居、智能终端、智能汽车、机器人等领域的推广应用；2015 年 8 月，国务院印发《促进大数据发展行动纲要》，

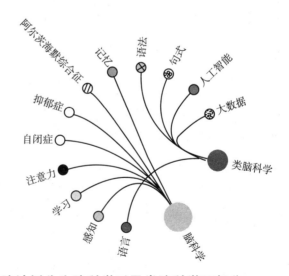

图 12-2　中国脑计划分为脑科学以及类脑科学两部分

资料来源：*Artificial Intelligence, A Modern Approach*（Third Edition）。

第8项任务提出加强大数据关键技术和产品研发。此外，我国还计划于2016年启动"脑科学与类脑科学研究"（Brain Science and Brain - Like Intelligence Technology），主要有两个研究方向：以探索大脑秘密、攻克大脑疾病为导向的脑科学研究以及以建立和发展人工智能技术为导向的类脑研究（见图12－2）。美国、欧盟、日本、韩国等国家及地区也从2013年开始先后开展了脑科学计划。

人工智能在2015年和2016年连续两年成为两会热门话题。2015年两会上，百度公司CEO李彦宏建议设立"中国大脑"计划，推动人工智能跨越发展；科大讯飞董事长刘庆峰建议加大人工智能产业在全国的布局。2016年两会，吉利汽车董事长李书福建议加快自动驾驶立法；百度公司CEO李彦宏也建议加快制定和完善无人驾驶汽车相关政策法规，抢占产业发展制高点；科大讯飞董事长刘庆峰则提出加快推动人工智能和中国脑计划，建立国家人工智能综合试验区，推动产业转型升级的建议。

三 IT巨头以智能语音为切入，逐渐向人工智能迈进

谷歌、苹果、微软、IBM、Facebook等互联网企业在积极推进智能语音技术研发及应用之后，逐渐开始布局整个人工智能领域。一方面，他们通过加大研发投入力度、招募高端人才、建设实验室等方式加快关键技术研发；另一方面，谷歌、苹果、微软、IBM、Facebook等通过大范围收购人工智能优秀中小企业提升整体竞争力（见图12－3）。

百度、阿里巴巴、腾讯、科大讯飞、大疆创新等企业不断推动人工智能技术创新和市场应用。百度成立深度学习研究院，大力推进"百度大脑"项目和无人驾驶汽车项目；阿里通过收并购和战略合作发力智能机器人及智能家居领域；腾讯先后推出基于深度学习、大数据及自然语言理解的微信·开放平台、腾讯优图·开放平台，以及腾讯云搜；科大讯飞除推出讯飞超脑外，将产业方向从"能听会说"推动

到"能理解会思考"，逐渐形成了以语音交互为核心的生态体系。大疆创新聚焦消费级无人机，现已占据全球70%、美国47%的市场份额；新松机器人、广州数控则聚焦工业机器人及服务机器人，企业成长迅速。此外，格灵深瞳、优必选、云知声等创业企业围绕人工智能技术不断创新，在企业快速发展的同时为人工智能市场注入了新的活力。

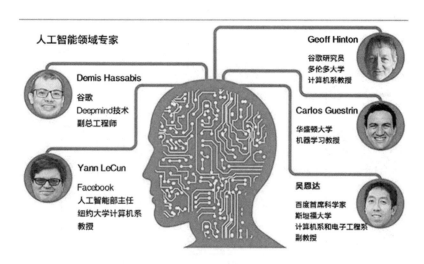

图12-3　与IT企业合作的人工智能领域专家

资料来源：网易科技。

四　新产品及应用不断涌现，并逐渐改变人们的生产、生活方式

随着越来越多的资本投入和公司关注机器学习、自然语言处理、计算机视觉及机器人技术，未来将有更多新的产品及应用投入市场。2015年高德纳的新兴技术成熟度曲线显示，自动驾驶汽车、物联网、自然语言问答等技术已到达顶峰位置的过热期，将逐渐进入低谷期，预计未来5~10年到达高峰期（见图12-4）。物联网（智能物体在我们周边协调活动的网络）在近两年同样处于过热期的顶峰，在未来5~

10年一旦大面积部署，它被认为是最具破坏性的技术。自然语言问答在2014年到达成熟度曲线过热期的顶峰，2015年则移向低谷。机器学习在2015年的成熟度曲线中首次出现，但是已经越过了膨胀预期的顶峰（见图12-4）。

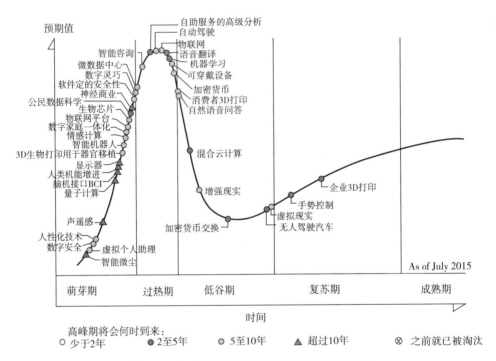

图 12-4　2015年新兴技术成熟度曲线

资料来源：高德纳。

随着这些人工智能核心技术的日趋成熟，传统产业发展、生产生活方式也将逐渐发生改变。首先，人工智能将助推传统产业转型升级和战略性新兴产业整体突破。人工智能具有显著的溢出效应，将带动其他技术进步，助推传统产业转型升级和战略性新兴产业整体性突破。基于大数据的机器学习将推动自然语言理解、语音识别、图像识别、知识检索、数据分析等技术快速发展，人工智能将辅助人类进行简单重复的脑力劳动，推动人工脑力劳动转移到需要更强创造性的高附加值产业链上。人工智能还将助推制造业、医疗、安防、农业等传统产业的战略性结构调整升级，也将辅助专家解决更多医疗、生物、交通、教育、金融、能源、咨询等领域的重大高难度问题。

其次，伴随着人脑仿生计算、虚拟助手、机器人、虚拟现实及增强现实技术的开发和应用，人工智能技术将嵌入到更多的机器人与终端设备中，改变人们生产方式和生活方式。服务机器人将越来越多地应用于人类生产生活中，在为人们生活提供便利的同时，并将在儿童、老人、病人、残障人士的生活中扮演重要角色。生产性机器人的大规模投入使用将提升制造的智能化水平，提升制造业技术水平和生产效率。智能家居、可穿戴设备等将改变家庭娱乐、教育、消费、通信的方式，为人们创造更为智能化的家庭生活。

第十三章 智慧城市建设
处于探索试点阶段

一 智慧城市符合供给侧结构性改革
趋势，纳入国家规划布局

智慧城市建设能够助力政府简政放权，推动城市治理进程，优化创业创新及产业发展环境，在供给侧结构性改革方面发挥着重要作用。一方面，伴随"宽带中国"战略的落实，智慧城市建设带动了城市信息基础设施的全面升级，如 Wi－Fi 已成为多数智慧城市建设的重点基础项目；另一方面，"互联网＋"、O2O 模式在城市管理和社会服务领域的深入融合与应用，使得城市管理和公共服务向精细化发展。《中共中央关于制定国民经济和社会发展第十三个五年规划的建议》首次指出，"十三五"时期我国将支持智慧城市等的区域拓展和互联互通；2015 年，国务院首次将智慧城市写入国务院政府工作报告，国家发改委、住建部、工信部等部委分别从城镇化推进、市政建设和城市运行、信息技术支撑等角度发挥积极作用，地方政府相关部门也陆续出台多项措施推动智慧城市布局。作为智慧城市的放大和延伸，京津冀智慧城市群、苏南智慧城市群、长三角智慧城市群、关中智慧城市群等智慧城市群的设想呼之欲出（见图 13－1）。

图 13 – 1　截至 2015 年 10 月我国智慧城市建设情况

资料来源：中国信息通信研究院。

二　智慧城市建设处于探索试点阶段，建设运营模式逐步清晰

　　我国智慧城市建设总体处于探索试点阶段，虽然总体发展方向较为清晰，但在顶层设计和长远规划、信息建设与需求响应方面还有待深入思考和落实。例如，北京、上海等地将其作为提升城市运行能力的主要手段，厦门等地将其作为城市转型升级的重要载体，宁波、无锡等地将其作为新兴产业发展的重要"抓手"。2015 年，国家大力支持公私合营（PPP）模式进行智慧城市建设，一方面，地方政府投入力度大，资金来源多元化；另一方面，科技巨头也积极参与智慧城市建设，住建部的数据显示，相关 IT 投资规模达到 2480 亿元，年增长率为20.4%。IT 企业在智慧城市项目中通过运用政府购买服务、社会资本投入、专业公司运营的方式，在一定程度上解决了建设资金、后期运营等智慧城市建设的多项难题。例如，天津市交通运输委与阿里云签约打造"互联网＋"交通系统，杭州拱墅区政府与腾讯签订"互联网＋智慧城市"框架协议，中兴通讯与银川市开展智慧城市项目合作等。

然而，"智慧城市 + PPP"模式是一项复杂的系统工程，在实践中还存在许多亟待解决的问题（见图 13 - 2）。

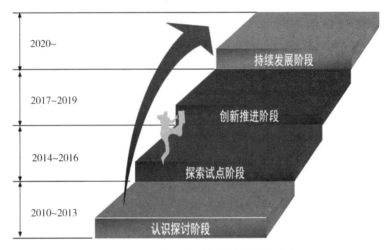

图 13 - 2　我国智慧城市发展阶段

资料来源：国脉互联。

三　以"互联网 +"城市服务作为新入口，
IT 企业布局智慧城市服务平台

政府利用云计算、大数据技术和服务，将松散的城市服务和政府服务应用整合和流程再造；IT 企业尤其是 BAT 企业，借助其云计算、数据挖掘、社交网络等技术优势和场景资源，布局智慧城市入口和平台。例如，2015 年 1 月，腾讯的微信"城市服务"已陆续上线广州、深圳、佛山、武汉及上海 5 个城市；阿里巴巴、蚂蚁金服与微博，共同启动"互联网 +"城市服务战略，联合为各地政府提供"一站式"解决方案，支付宝钱包还上线了"城市服务"功能；2015 年 3 月，百度使用"搜索 +地图"模式布局，与北京市政交通一卡通有限公司签署合作协议，利用自身的搜索、地图等资源，打造特色的"智慧城市"服务场景。

四　数据流动将成为智慧城市的"血液"，信息资源枢纽建设亟待推进

城市"智慧化"的每一个领域都建立在数据资源的开发利用基础之上，其核心就是数据的充分流动、融合开发和共享协同。地区数据中心集成信息资源，已经或即将成为智慧城市集约化建设的有力助手，例如，北京政务云、宁波政务云等数据平台纷纷启动。然而，这些都不足以支撑当前智慧城市建设从"信息孤岛"到"共享集成"、从"数据为王"到"应用至上"的大趋势，因此，加强信息资源枢纽建设势在必行。IT企业基于既有的云计算、大数据优势，抓住时机拓展服务市场，可以帮助智慧城市建设弥补这一短板，如阿里巴巴已经推出数加平台大数据服务，阿里云、百度开放云、腾讯"云+未来"生态规划提供城市云计算服务，百度发布物联网平台"BAIDU IoT"，华为公开"1+2+1"物联网战略等（见图13-3）。

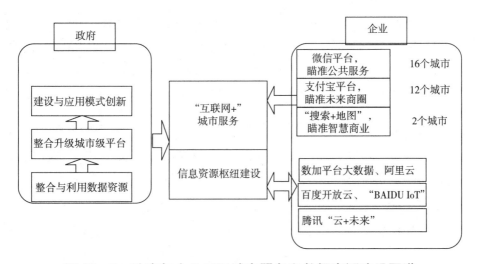

图 13-3　政府与企业开展城市服务和数据资源建设图谱

注：图中数据统计截止到2015年6月。

资料来源：工业和信息化部电子科学技术情报研究所。

第三部分　专题篇

第十四章　生产性服务业加速
制造业高端化

生产性服务业是全球产业竞争的战略制高点和智能制造的重要构成要素，也是两化深度融合的重要落脚点。国内外的实践和经验表明，在工业化步入中后期发展阶段，制造业附加值的提高和市场竞争力的提升更多地依赖生产性服务业的支撑。借助于服务经济的力量，实现生产性服务业与制造业的融合发展，是推动制造业转型升级和产业结构优化的重要途径。2015 年，国家高度重视生产性服务业发展，加速推动制造业向智能化、服务化和高端化转型，部分地区生产性服务业已经成为主导产业。

一　国家高度重视生产性服务业，
突出强调支撑制造业发展

党中央、国务院高度重视服务业的发展，习近平总书记指出，要加快调整优化经济结构，推动提质增效升级，加快发展生产性服务业。李克强总理多次强调，要坚持生产性服务业与生活性服务业并重，促进服务业发展提速、比重提高、水平提升。2011 年 12 月，国务院发布《工业转型升级规划（2011～2015 年）》，提出加快发展面向工业生产的相关服务业，这包括工业设计及研发服务、制造业物流服务、制造服务化等。2012 年 12 月，国务院发布《服务业发展"十二五"规划》，提出加快发展生产性服务业。2014 年 8 月，国务院印发《关于加快发展生产性服务业促进产业结构调整升级的指导意见》，首次对生产性服务业发展做出全面部署，提出了生产性服务业发展导向，突出强调工业制造现代化和生产制造与信息技术服务融合发展（见图 14－1）。

图 14－1　生产性服务业发展导向

资料来源：《关于加快发展生产性服务业促进产业结构调整升级的指导意见》。

2015 年 5 月，国务院印发《中国制造 2025》，并将积极发展服务型制造和生产性服务业列入九大战略任务，提出大力发展面向制造业的工业设计、第三方物流、节能环保、互联网金融、管理咨询等生产性服务业，充分发挥生产性服务在研发设计、流程优化、市场营销、物流配送、节能降耗等方面的引领带动作用，提高产业链整体效率；围绕制造业集聚发展，加快建设一批生产性服务业功能区和公共服务平台。2015年10月，《中共中央关于制定国民经济和社会发展第十三个五年规划的建议》提出，推动生产性服务业向专业化和价值链高端延伸、生活性服务业向精细和高品质转变，推动制造业由生产型向生产服务型转变。国务院相关政策发布以来，各地按照中央部署，结合产业发展实情，先后出台了实施意见和行动计划，部分地方主动对接有关部门制定的服务业发展规划，编制了地方生产性服务业发展专项规划，设立了服务业发展专项资金，使生产性服务业的发展更具主动性和连续性。上海围绕推动制造业转型升级，根据其产业基础、特点和发展优势，编制了《上海市生产性服务业"十二五"发展规划》，进一步明确了总集成总承包、供应链管理与服务、检验检测、节能与环保服务、专业维修服务、非银行金融服务、专业中介服务和培训教育服务十个重点发展领域，并将发展生产性服务业的工作重心放在了营造适宜产业发展的环境，一手抓中小企业，一手抓平台建设，形成了有效的做法和经验；广东将加快发展生产性服务业作为经济发展新常态下稳增长的关键领域、产业结构调整的主攻方向之一和结构性改革的重要攻坚内容，做强先进制造业产业链"微笑曲线"两端，推动制造企业服务化，加快建设面向先进制造业的公共服务平台，打造生产性服务业集群化集聚化发展载体，加大支持力度，营造有利于生产性服务业发展的政策环境；江苏设定的生产性服务业发展目标强调规模扩张和质态提升并重，提出"年度生产性服务业增速高于服务业增速，生产性服务业增加值占全省服务业增加值比重逐年提高，到2020年提高到58%"，通过实施生产性服务业"双百工程"，即"生产性服务业百企升级引领工程"和"生产性服务业百区提升示范工程"，鼓励企业向价值链高端发展，推动园区提高集聚区发展水平，推进农业生产和工业制造现代化，加快生产制造与信息技术融合，促进江苏省产业逐步由生产制造型向生产服务型转变。

二 IT 与制造过程融合发展，
推动制造业生产方式持续变革

生产设备数字化、网络化和智能化发展对劳动生产率有明显的提升作用，生产设备数字化率超过 50% 的企业，随着数字化生产设备联网率的不断提升，其劳动生产率加速增长。当生产设备数字化率超过 50%，且数字化生产设备联网率超过 80% 的企业，其平均全员劳动生产率将达到 65 万元以上。IT 与传统制造业生产环节融合程度的不断加深，逐渐优化和改善企业生产管控流程，创新生产组织方式。家电、服装、家具等行业正形成以大规模个性化定制为主导的新的生产方式，青岛红领、维尚家具、小米科技等一批创新型企业通过构建新的生产模式实现了逆势增长。工程机械、电力设备、风机制造等行业服务型制造业务快速发展，陕鼓动力、徐州重工、中联重科、东方电气等企业的全生命周期服务、融资租赁等业务日趋成为企业利润的重要来源。汽车、钢铁、化工等行业协同供应链管理水平不断提高。以宝钢股份为例，经过多年的发展，宝钢股份建设了比较完整的制造基地级制造管理系统，从产线级基础自动化（BA）、过程控制系统（PCS）、生产执行系统（MES）到制造管理系统（MMS），建成了自下而上纵向集成的四级计算机体系。MMS 面向集中某个地理位置的生产制造单元，以全局的、整体的、一贯的管理理念，实现与产销业务主线相关的在线事务处理功能。系统面向整个制造过程的合同组织、计划控制、物料管理以及覆盖全制造单元产品的制造标准、工艺、技术、检验、判定、发货等制造业务。

三　新模式新业态不断涌现，
生产性服务业引领制造业转型升级

随着互联网的迅速发展，其逐步涉及制造业的各个环节和产品生产周期全过程。借助互联网平台，制造企业、市场与用户的互动程度和范围极大扩展，互联网与制造业融合的新模式、新业态层出不穷，正重塑产业组织与制造模式，重构企业与用户的关系。在制造业领域广泛应用互联网，通过大规模协作生产，引发资源配置方式变化，释放企业内外大量资源的创新潜力，使得传统的、集中式经营活动逐渐被分散经营方式取代，"社会化生产"将呈爆发式发展。电子商务作为信息化条件下的新型经济活动，给传统贸易流通产业带来了颠覆式的变革，并不断加速向产业领域渗透，成为重构经济规则和竞争格局的引领力量，引发了生产组织方式和管理思维的深刻变化。随着互联网产业与金融业从技术融合发展到业务融合，互联网金融创新呈井喷之势，依托现代信息技术和平台型金融服务，聚集了大量多品种、小批量的碎片化需求，大幅降低金融服务门槛并引发"长尾效应"，对传统金融的"二八定律"形成较大冲击与补充。近年来国内各行业都涌现出一些利用信息化实现生产组织方式和服务模式创新的案例，且越靠近最终用户的行业创新越活跃（见表14-1）。

表 14 - 1　部分重点行业服务创新的典型模式和企业

行业	主要模式和趋势	典型企业
钢铁	加强与汽车等行业的产业链集成，实现产品深加工、产品物流配送、客户生产计划衔接、客户厂前库管理、客户整体供货等新模式	宝钢、南钢、武钢等
重大装备	利用信息技术实现在线实时监控和远程诊断，为客户提供远程故障维修、备品备件预防性维护等服务，提高产品附加价值	徐州重工、中联重工、三一重工、潍柴动力等
机械	利用信息化形成集中管控优势，发展工程总承包新型模式；充分发挥数据的核心作用，发展融资租赁、卖方信贷等新型模式	特变电工、南阳二机等
轻工纺织	利用互联网思维，实现客户与工厂的直接对话，形成以需求为导向的供应链集群，建立标准化模型库，实现个性定制规模生产模式	海尔、唯尚、红领、波司登、鲁泰等
食品	实现从原料、生产、加工、包装、仓储、运输到终端销售等全产业链追溯。利用微信、微博、可追溯等定位用户群，实现精准社交营销和个性化服务	伊利、洋河、双汇等

资料来源：工业和信息化部电子科学技术情报研究所。

四　生产性服务业成为提质增效重要驱动力和部分区域的主导产业

生产性服务业的持续快速健康发展，是推动经济增长的重要引擎，是巩固服务经济主导经济结构的重要力量。北京生产性服务业总量占据经济总量半壁江山，初步形成生产性服务业为主导的服务经济格局，2015 年生产性服务业实现增加值 1.22 亿元，增长 8.6%，高于 GDP 增速；占地区生产总值的比重为52.9%，比2014年提高0.4个百分点。2015年金融、信息、科技服务三大优势产业对经济增长的贡献率超过70%。其中，信息服务企业实现增加值2372.7亿元，增长12%；互联网和相关服务业规模以上企业实现营业收入1038.5亿元，增长19.8%，比2014年提高1.3个百分点；商务服务业全年收入增速超过10%。

2015年，上海生产性服务业进入发展"快车道"，连续呈现高增长态势，增加值年均增速维持在10%以上，正成为上海推动制造业转型升级和经济结构调整的重要力量。2015年，上海总集成总承包营业收入4670亿元，增长16%；研发设计营业收入1505亿元，增长14%；供应链管理营业收入3324亿元，增长4.7%；节能环保服务营业收入109亿元，增长16%；检验检测服务营业收入105亿元，增长9.2%；专业中介服务营业收入4574亿元，增长8.9%。

广东围绕提升发展先进制造业推动研发设计、科技服务等生产性服务业发展，积极发展电子商务、物流快递等新业态，2015年服务业实现增加值3.7万亿元，占地区生产总值比重达50.8%，其中生产性服务业增加值达1.96万亿元，占服务业比重达53.1%。生产性服务业增加值五年年均增长10%，高于地区生产总值的年均增速（8.5%）。

江苏2015年服务业占地区生产总值比重首次超过第二产业，达到48.6%，产业结构实现"三二一"标志性转变。服务业发展提速，实现增加值3.40848万亿元，增长9.3%，生产性服务业实现营业收入7690.9亿元，增长13.1%。

此外，一大批创新能力强、成长速度快、发展势头好的企业加速涌现，促进产业向价值链高端跃升。以广东为例，截至2015年年底，生产性服务业企业达45.5万家，比2010年增加20.8万家，占同期新登记市场各类主体的近七成，生产性服务业骨干企业占服务业骨干企业的八成，其中60多家进入全国服务业企业500强，生产性服务业就业人数约占服务业就业的60%和广东全省就业的22%。

　　一些大型制造企业集团加速制造业服务化过程，从单纯提供设备向方案设计、项目控制、设备维护、运营管理以及总集成总承包等一体化服务转变。例如，上海三菱电梯有限公司坚持"服务创新是提升制造业竞争力的有效途径"的理念，通过自主开发的电梯维保服务系统、用户服务中心的建设、移动终端等，采用 O2O 服务运作模式，逐步增强制造业的服务功能；中联重科依托物联网、智能控制技术促进生产、运营、服务管理模式创新，通过官方微信平台与 GPS 监控平台上线运行实现从客户需求的智能化跟踪、产品信息的智能化追踪、产品制造的个性化生产、产品运行的全程监控，加速公司从传统生产制造业向高端智能制造装备业的转型升级，着力构筑高效率、低成本、强服务的竞争优势；三一重工开发了包括智能设备管理系统（IEM）、客户服务系统（ECC）、代理商管理系统（DMS）、智能服务终端（ISS）等功能模块的智能化服务云平台，有效通过智能化的手段实现了其业务的服务化转变等；上海通用汽车和腾讯结盟，围绕大数据分析、创新营销进行深度合作。

　　一批中小企业加速成长，如上海重点监测的生产性服务企业的年营业收入均保持两位数的增速，产业重要地位逐渐突出。供应链管理服务、金融专业服务等领域领先增长。新跃物流专注于特定物流环境的行业领域，并能为客户度身定做出与行业生态链完美结合的物流企业公共服务平台。"物流汇"是新跃物流打造的"物流企业公共服务平台"的综合品牌，提供八方物流软件（为客户进行个性化服务方案）、八方电调（车辆和运能电调）、呼叫中心（客户服务和货运即时信息传递）、即时货物保险、"银企互联"服务、在线交易（发货货源信息、物流企业报价接单）等服务，在为客户降低成本的同时实现自身成长。

第十五章 "互联网+"
激发各领域创新活力

　　自 2015 年 3 月 5 日李克强总理在《政府工作报告中》提出"互联网+"以来，各省市纷纷响应并制定"互联网+"行动计划，相关的思考和战略布局应运而生。"互联网+"作为 2015 年最热门的词汇之一，将为我国社会的转型创新带来新的活力。截至 2015 年 12 月，中国网民规模达到 6.88 亿，互联网普及率达到 50.3%，中国居民上网人数已过半。2015 年，中国电子商务市场交易规模达 16.2 万亿元，增长 21.2%，移动医疗市场规模达 45.5 亿元，增长率为 54.2%，在线教育用户规模扩大到 7227 万人，同比增长 20.5%，在线旅游市场交易规模超过 4000 亿元，相比 2014 年增长 37.5%。

一 "互联网+"让互联网从工具发展为基础设施

　　"互联网+"是把互联网的创新成果与经济社会各领域深度融合，推动技术进步、效率提升和组织变革，提升实体经济创新力和生产力，形成更广泛的以互联网为基础设施和创新要素的经济社会发展新形态。

　　"互联网+"让互联网从工具发展为作为基础设施的"水电煤"。互联网的发展可以分为三个阶段：第一阶段是互联网作为一个独立的行业，从早期的信息到中间的娱乐游戏再到后来的商品零售，互联网利用其在空间上和时间上的优势取得了不错成绩，但是由于互联网和线下各产业平行存在，冲突之声不绝于耳；第二阶段是"+互联网"

时代，即传统行业以既有业务为基础，利用互联网技术和理念提升为用户服务的效率和质量，"＋互联网"强调的是传统企业主导着融合进程的一种"顺势创新"，在这一阶段互联网仍然只是工具；第三个阶段是"互联网＋"时代，"互联网＋"强调的是互联网企业从技术、商业模式、资金、人才等方面主导着融合进程的"逆袭创新"。各行各业都有很深的产业基础和专业性，互联网在很多方面不能替代。现在的互联网很像带来第二次产业革命的电能，不只是一个行业，也为所有行业提供互联网服务。互联网终于摆脱工具属性成为"水电煤"，与其他行业结合变成了底层设施。

　　2015年，为贯彻落实"互联网＋"行动计划，国务院、国家发改委、工业和信息化部、商务部、国家旅游局、中国人民银行、财政部等部委相继出台相关政策（见表15－1），各地方也结合本地发展实际，陆续出台各项推进政策和措施（见表15－2）。通过梳理各部委、各地方出台的"互联网＋"相关政策可以看出，结合"大众创业、万众创新"，"互联网＋"涉及工业、农业、教育、金融、旅游、民政、商贸流通等多个领域，明确了"互联网＋"行业的融合路径、落地实施方式，符合产业互联网的发展趋势，为促进传统产业的转型升级提供思路，助力经济发展。

表15－1　国务院及各部委出台的"互联网＋"相关政策文件

文件名	文件号	发布时间
国务院		
国务院《中国制造2025》	国发〔2015〕28号	2015－05－08
国务院《关于大力推进大众创业万众创新若干政策措施的意见》	国发〔2015〕32号	2015－06－16
国务院办公厅《关于促进跨境电子商务健康快速发展的指导意见》	国办发〔2015〕46号	2015－06－20

续表

文件名	文件号	发布时间
国务院《关于积极推进"互联网＋"行动的指导意见》	国发〔2015〕40号	2015－07－04
国务院办公厅《关于加快转变农业发展方式的意见》	国办发〔2015〕59号	2015－08－07
国务院办公厅《关于进一步促进旅游投资和消费的若干意见》	国办发〔2015〕62号	2015－08－11
国务院《关于印发促进大数据发展行动纲要的通知》	国发〔2015〕50号	2015－09－05
国务院《关于加快构建大众创业万众创新支撑平台的指导意见》	国发〔2015〕53号	2015－09－26
国务院办公厅《关于促进农村电子商务加快发展的指导意见》	国办发〔2015〕78号	2015－11－09
国务院各部委		
国家发展改革委《关于做好制定"互联网＋"行动计划有关工作的通知》	发改办高技〔2015〕610号	2015－03－16
工业和信息化部《关于继续开展互联网与工业融合创新试点工作的通知》	工信函〔2015〕50号	2015－03－31
商务部办公厅《2015年电子商务工作要点》	商办电函〔2015〕116号	2015－04－03
国家旅游局《关于促进旅游业与信息化融合发展的若干意见》（征求意见稿）	旅游局〔2015〕10号	2015－05－08
商务部《"互联网＋流通"行动计划》	—	2015－05－15
中国人民银行等《关于促进互联网金融健康发展的指导意见》	银发〔2015〕221号	2015－07－18
国家旅游局《关于实施"旅游＋互联网"行动计划的通知》	—	2015－09－18

资料来源：工业和信息化部电子科学技术情报研究所整理。

表15-2 部分地方政府"互联网+"重点支持领域

地区 / 领域	北京	河北	山西	内蒙古	辽宁	上海	浙江	安徽	江西	山东	河南	湖北	湖南	广东	广西	重庆	四川	贵州	云南	甘肃	深圳
互联网+商贸	√	√		√	√	√	√	√	√	√	√	√	√		√	√	√	√	√	√	√
互联网+物流		√	√	√	√	√	√	√	√	√	√	√	√	√	√	√	√	√	√	√	√
互联网+农业	√	√	√	√	√	√	√	√	√	√	√	√	√	√	√	√	√	√	√	√	
互联网+能源	√	√	√		√	√	√	√	√		√		√		√		√				
互联网+旅游	√	√	√		√	√	√	√	√	√	√	√	√	√	√	√	√	√	√	√	√
互联网+金融	√			√	√	√	√	√					√	√	√	√		√	√	√	√
互联网+教育	√		√			√	√	√	√	√	√	√	√		√	√		√	√	√	√
互联网+交通	√	√	√	√	√	√	√	√		√	√		√	√	√	√	√	√	√	√	√
互联网+文化	√	√		√	√	√	√	√	√		√	√	√	√	√	√	√	√	√	√	√
互联网+创业创新	√				√		√	√					√	√		√				√	
互联网+城市管理	√	√	√			√	√	√							√		√				√
互联网+政府服务		√	√	√			√	√		√			√	√	√						√
互联网+医疗健康	√	√				√	√	√	√				√		√				√		√
互联网+生态环保	√	√	√	√	√		√		√	√	√	√	√	√	√	√		√	√	√	
互联网+人工智能	√	√	√		√	√	√	√	√	√	√	√	√	√	√	√	√	√	√	√	√
互联网+公共安全	√	√	√	√										√				√		√	√
互联网+制造/工业	√	√	√	√	√	√	√	√	√	√	√	√	√	√	√	√	√	√	√	√	√

资料来源：工业和信息化部电子科学技术情报研究所整理。

二 "互联网＋"制造业转型升级，智能制造成主要方向

2015年5月，国务院印发《中国制造2025》，明确提出以加快新一代信息技术与制造业深度融合为主线，以推进智能制造为主攻方向，促进制造业和互联网的深度融合。实现制造业和互联网融合发展，要以数字化、网络化、智能化制造为抓手，加快提升支撑融合发展的网络设施、标准体系、解决方案、安全保障等基础能力，培育制造业新模式、新业态、新产品，促进制造业朝高端、智能、绿色、服务方向发展。中国信息化和工业化融合服务平台的数据显示，智能装备和现代生产工艺在重点行业不断普及，机械、船舶、汽车、纺织等行业生产设备和重大技术装备的数字化、智能化、网络化改造步伐加快。钢铁、石化、有色、煤炭、纺织、医药等行业过程控制和制造执行系统全面普及，关键工序流程数控化率超过60%。但因长期依赖大量廉价劳动力和从事低附加值加工，生产设备数字化、网络化和智能化发展已成为我国工业企业普遍存在的短板，我国工业企业生产设备数字化率为45.1%，交通设备制造、机械等装备制造业行业生产设备数字化率偏低。生产设备数字化、网络化和智能化发展对劳动生产率有明显的提升作用，生产设备数字化率超过50%的企业，随着数字化生产设备联网率的不断提升，其劳动生产率加速增长。生产设备数字化率超过50%，且数字化生产设备联网率超过80%时，企业平均全员劳动生产率将达到65万元以上（见图15-1）。部分制造企业已经进行了有益尝试，潍柴动力依托互联网全力打造"智慧工厂"，在关键工序广泛普及机器人，在生产过程中采用RFID技术，通过建设工业大数据平台、企业级移动化应用平台和工业云平台，对产品研发、生产、市场服务等进行优化协同制造模式。三一重工通过对多个信息系统的整合应用，实现供应商送货、零件制造、整机装配、售后服务等全生命周期的质

检电子化,并实现了统计过程控制、质量追溯等功能,引领企业走在智能化制造的前列。

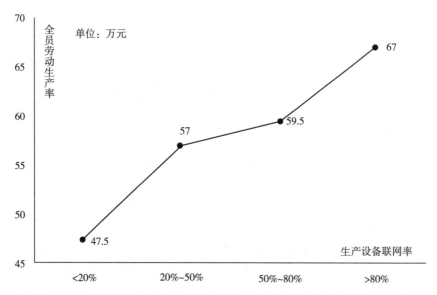

图 15 - 1 不同数字化生产设备联网率的企业全员劳动生产率情况

资料来源:中国信息化和工业化融合服务平台。

三 "互联网 +" 服务业全面发展,分享经济成为热点

国家信息中心、中国互联网协会的研究表明,2015 年中国分享经济市场规模约为 1.956 万亿元,其中交易额 1.81 万亿元,融资额 1460 亿元,主要集中在金融、生活服务、交通出行、生产能力、知识技能、房屋短租六大领域。分享经济领域参与提供服务者约 5000 万人,其中平台型企业员工约 500 万人,约占劳动人口总数的 5.5%。保守估计参与分享经济活动总人数已经超过 5 亿。预计未来五年分享经济年均增长速度在 40% 左右,到 2020 年分享经济规模占 GDP 比重将达到 10%以上。

"互联网 +"本地生活,O2O 剧烈洗牌。O2O 模式遍及票务、旅

行、家政、婚庆、美业、社区、母婴等各个领域。2015年上半年，O2O模式爆发式增长，O2O竞争激烈，以持续高额补贴来获取用户的方式带来严重资本消耗，大部分O2O公司自身造血能力不足，导致业务难以持续；下半年，资本寒冬到来，O2O领域融资遇冷，在创始人与投资人的利益博弈之下，不同O2O公司背后的共同资本方，共同促使同业公司大量合并。未来O2O模式必将回归商业逻辑的本质，为传统线下消费提供更好的在线解决方案，为传统行业提供基于线下服务的价值。

"互联网＋"交通，移动出行惠及大众。2015年是全国移动出行需求爆发式增长的一年，市场规模达到681.6亿元人民币，用户规模2.69亿人，同比增长27.5%。2015年，滴滴出行全平台订单总量达14.3亿，这一数字相当于美国2015年所有出租车订单量的近两倍。短短三年的时间，移动互联网已将出行这样一个传统行业改造成为中国最具创新活力并开始引领全球的新兴行业。零点机构的调查数据显示，中国一二线城市的用户对网络专车平台的支持率高达86.7%。而从司机数、用户数、订单数来说，中国的移动出行领域也毫无疑问成为全球最大的出行市场。经过2015年的发展，以移动互联网技术为基础的移动出行已成为交通领域的重要力量，交通大数据的时代已经到来。随着大众对分享经济的熟识，以及市场格局的稳定，2016年移动出行的需求将持续增加，中国的"互联网＋"交通也将进入一个持续稳定的高速发展时期。

"互联网＋"医疗，移动医疗快速发展。互联网尤其是移动互联网与医疗行业的加速融合，正在改变传统医疗模式下医疗资源利用的不合理、低效率窘境。利用大数据优势，互联网医疗可以大大缓解传统医疗模式下的信息不对称问题，提高效率，优化资源配置，增强用户体验，切实改善医患关系。通过互联网技术升级，进行远程医疗，避免耗时耗力的排队、无效就诊等不必要的麻烦。中国移动医疗产业尚处于市场启动阶段，具有巨大的市场规模，在未来三年将呈现爆发式

增长。2015 年我国国内移动医疗市场规模达到 45.5 亿元，同比增长
54.2%，预计 2016 年中国移动医疗市场规模将达到 74.2 亿元人民币。

"互联网＋"教育，改造继续教育市场。2015 年，"互联网＋"教育相关政策立法不断涌现。5 月，习近平主席在致国际教育信息化大会的贺信中指出"坚持不懈推进教育信息化，努力以信息化为手段扩大优质教育资源覆盖面""通过教育信息化，逐步缩小区域、城乡数字差距，大力促进教育公平"。与此同时，与在线教育有关的新政频频出台，为"互联网＋"教育的发展保驾护航。9 月，教育部发布《关于"十三五"期间全面深入推进教育信息化工作的指导意见》，鼓励广大师生在日常教学与学习过程中根据需要使用新技术和新产品，也鼓励企业和社会机构根据师生需求积极投入研发。12 月，最新修订的《教育法》中把第 66 条修改为："国家推进教育信息化，加快教育信息基础设施建设，利用信息技术促进优质教育资源普及共享，提高教育教学水平和教育管理水平"，更从基本法的层面上强调了教育信息化的重要性。在"互联网＋"的政策的拖动下，在线教育市场将持续快速发展，并逐渐朝移动端发展。2015 年，初创公司因盈利模式不够明确而举步维艰，如梯子网、老师来了、成长网等产品因资金链断裂、发展方向出错等逐渐消失在人们视野中；成熟企业却正通过巨额融资、自身布局、融资并购焕发出新的生机，沪江网、网易云课堂、百度传传课在资本或巨头的庇佑下实现飞速发展。2015 年中国在线教育市场规模超过 1700 亿元，预计 2016 年中国在线教育市场规模将达 2260 亿元。

"互联网＋"短租，冲击传统酒店业务。在线短租 2015 年全球交易规模为 780.3 亿美元，与 2010 年相比增长 30.9%，预计在 2017～2025 年，在线住宿市场规模将突破千亿美元。全球最大的在线房屋租赁网站 Airbnb 业务已覆盖 190 多个国家 3.4 万多个城市，平台用户总数达到四千多万，成为仅次于优步和小米的全球第三大创业公司。国内来看，在线短租市场 2012 年开始起步，到 2013 年市场规模扩大近 6倍。短租分享模式搭建在信任和保障之上，目前在线短租市场运营模

式分为三种，企业自有房屋租赁、企业集中管控私人房屋租赁、个人
对个人（C2C）的房屋租赁。不论哪种模式，企业都通过构建在线交
易平台和信任保障机制，将租房用户和房东高效对接，以论坛、社区
等形式加强平台供给、提高客户粘性，一方面提供包括普通公寓、特
色民宿、度假别墅以及其他个性化的短期住宿产品在内的住宿信息；
另一方面改变人们的居住意识和习惯，衍生出景区、餐饮、票务等更
多增值服务，从而催生出经济价值与社会价值彼此融合的新兴经济体。
2015 年是国内在线短租的起飞之年，市场建设、政策规范及用户培养
方面都取得了不菲的成绩。旅游住宿行业形成了星级标准、品牌标准
和非标住宿三种形式并存的住宿格局。随着高端酒店降温、经济型酒
店饱和，国内短租民宿等非标住宿业态得到了极大的发展，国务院更
在年底点名"积极发展客栈民宿、短租公寓、长租公寓等细分业态"。
在"互联网＋"战略浪潮下，在线民宿、公寓短租，已成为国内旅游
住宿市场的重要组成部分。随着在线短租发展壮大，其未来将会对传
统酒店产生一定的冲击。

四 "互联网＋"助力农村精准扶贫，促进落后地区发展

目前中国有 6.2 亿农村人口，7000 万人尚未实现脱贫。2015 年 6
月，习近平总书记在贵州调研期间提出了"扶贫开发贵在精准，重在
精准，成败之举在于精准"的精准扶贫方针。互联网分享、远程、快
捷的特点，使"互联网＋"精准扶贫成为贫困地区发展后发赶超的重
要抓手。

2015 年，电商扶贫成为国务院扶贫办十大精准扶贫工程之一。电
商扶贫的主要形式，大致有以下三种：一是直接到户。即通过教育培
训、资源投入、市场对接、政策支持、提供服务等形式，帮助贫困户
直接以电子商务交易实现增收，达到减贫脱贫效果。其中，最典型的

方式就是帮助贫困户在电子商务交易平台上开办网店，让他们直接变身为网商。甘肃、广东等地扶贫办组织的电商扶贫培训，中石化在安徽岳西县、河南慧谷电商学院和济南绿星农村电商培训中心等组织的培训，都特别把贫困户、"两后生"、残疾人等帮扶对象和精准扶贫对象作为培训重点，帮他们掌握电商知识，乃至手把手教他们开办自己的网店，并提供后续服务。二是参与产业链。即通过当地从事电子商务经营的龙头企业、网商经纪人、能人、大户、专业协会与地方电商交易平台等，构建起面向电子商务的产业链，帮助和吸引贫困户参与进来，实现完全或不完全就业，从而达到减贫脱贫效果。例如，从赵海伶、杜千里、孟宏伟到世纪之村、中闽弘泰，从潘东明领衔的遂昌网店协会到吕振鸿创办的"北山狼"，不仅带动了一方经济发展，也帮助众多身边的乡亲、包括贫困人群增加了收入。三是分享溢出效应。即电商规模化发展，在一定地域内形成良性的市场生态，当地原有的贫困户即便没有直接或间接参与电商产业链，也可以从中分享发展成果。以著名的淘宝村——东风村为例，具有劳动能力的贫困户，不仅很容易在网销产业链中找到发展机会，而且带动起新型城镇化进程，建筑、餐饮、交通、修理等一般性的服务业快速发展，也提供了大量就业、创业的机会，道路、卫生、光纤入户、水电、公共照明等设施的改善，电商园区建设带来的农民住房条件的改善和服务便利化，惠及包括失去劳动能力的贫困户在内的所有村民。

　　2015 年，国务院办公厅印发《关于促进农村电子商务加快发展的指导意见》，强调培育和壮大农村电子商务市场主体，扩大电子商务在农业农村的应用。促进农村电商发展的政策红利不断，让各大电商坚定地加速农村电商的布局，支持地方和行业健全农村电商服务体系。阿里巴巴 2015 年财报显示，自 2014 年"农村淘宝"项目启动以来，其农村淘宝村级服务站点已经超过 1.2 万个，覆盖了 1200 万农村人口。

五 "互联网+"优化政府服务方式，打造服务型政府

2016年3月5日，李克强总理在作《政府工作报告》时提出，大力推行"互联网+"政务服务，实现部门间数据共享，让居民和企业少跑腿、好办事、不添堵。以微信、PC端、APP端开发服务平台为代表的电子化公共服务工具正成为网络信息传播的核心力量，政府信息发布和公众沟通进入到"微时代"。通过网上政务大厅、手机APP、微信公众号等方式，提供交通、商务服务、税务服务、公共服务等居民便携服务。通过打造智慧城市、智慧社区，提供养老、社区服务、城市管理等方面的服务，提高服务效率（见表15-3）。

表15-3 "互联网+"政府的具体应用（以北京市为例）

应用	主体	描述
"互联网+"安全监督	北京市经济技术开发区管委	平台目前共实现安委会端、安监局端、企业端等3大系统端模块，26个业务子系统，49个业务工作模块。安委会端包含协同办公、安委会人员培训等6个业务系统，共14个业务工作模块；安监局端包含工作联动、危险化学品行政许可、企业基础管理等13个业务系统，共17个业务工作模块。企业端包含企业基础信息管理系统、企业工作联动、危化品行政许可申报管理等8个业务系统，共18个业务工作模块
"互联网+"城市管理	北京市海淀区	"海淀网友"互动平台：该平台内有"线索举报""网友说吧"等栏目，初步实现了情况收集、线索举报、在线互动、资讯推送、意见反馈、在线鼓励等功能
"互联网+"党建	北京市东城区	东花市街道枣苑社区开通了枣苑社区"口袋党建"微平台，方便党员随时随地获知党总支动态，参与党总支的建设。微平台包括社区党务、社区政务、便民服务、社区活动、枣苑之美、周边优惠六个板块，及时发布更新党总支信息，将线下策划的活动通过平台及时发布

应用	主体	描述
"互联网+"公共服务	北京市朝阳区	以国家文化产业创新实验区建设为契机,加快搭建文化金融服务平台、APP政策信息服务平台、公共技术服务平台、大数据信息资讯平台等公共服务平台,提高公共服务水平
"互联网+"教育	北京市朝阳区	居民通过"朝阳e学习"APP报名某一课程后,将收到后台发送的"电子听课码",凭借"电子听课码"即可在开课时间到上课地点参加学习。包括"地图""签到""雅趣""文化""歌舞""丽人""亲子""居家"等八个模块和"课程""同学圈"等栏目
"互联网+"民生	北京市顺义区	建立城乡低保网上审批系统。工作人员持移动终端在入户核查的同时完成低保信息录入,实现低保信息数字化采集、GPS定位和网上实时上传,建立节能、环保、高效的业务新模式。研发"凤凰民政社保卡"。联合北京农商银行,创新研发"凤凰民政社保卡",困难群众持卡在区内33家定点医院就医享受医疗救助即时结算,解决了困难群众的支付性困难;并增加资金发放、现金存取、转账汇款、自助缴费、消费结算等金融功能,满足群众多样化需求。建立微信公众服务平台。结合新兴媒体传播渠道,开通社会组织、社区服务、双拥安置、婚姻家庭等微信公众号,面向社会广泛宣传民生政策和服务信息,解答各类咨询问题,营造良好的网络舆论氛围,传播正能量
"互联网+"商务服务	北京市大兴区	电商服务平台覆盖电商服务业相关的个人、企业以及中介机构,立足新区、面向全市、辐射全国,打造全流程、一站式的公共服务生态圈,提供电商服务产业链各环节相关的服务,实现电子商务服务产业链的全方位渗透。具体而言,服务提供方包括平台类企业、代运营企业、物流公司、信用认证机构、咨询公司、教育培训基地、IT公司、互联网金融公司等;服务需求方包括商贸流通、生产制造等传统企业,专业市场、产业集群、工业园区等产业集群,大学生创业者在内的中小网商,农业电商,微商,小微企业,待业者等;其他相关方包括政府、协会、科研机构、中介组织等

续表

应用	主体	描述
"互联网＋"社区	北京市海淀区	社区服务综合平台：线上线下相结合，鼓励和支持餐饮、娱乐、家政、家电维修等领域的社区服务商以实体店为主体，综合利用网上商店、移动支付等新技术，打造体验式购物模式，让社区居民足不出户就能享受到均等、优质、高效的服务
"互联网＋"税务	北京市丰台区	利用该平台，纳税人可足不出户体验一站式服务，包括网上申请、网上申报、网上缴税、网上预约、网上授权、涉税事项的网上办理等业务，纳税人还可查阅个性化服务事项、宣告、咨询、政策解答和投诉建议等服务功能
"互联网＋"养老	北京市密云区	整合96156、"电子保姆"平台，建立县级养老服务信息中心，汇集居家养老需求信息、统筹调度养老服务商户，为社区居家老人提供生活照料、护理康复、情感关怀、紧急救援和信息咨询等服务
"互联网＋"医疗	北京市昌平区	昌平区通过引导镇村百姓看病"一级一级来"的医疗模式，建立了"小病不出社区、大病及时转诊、康复返回社区"的医疗服务格局，社区卫生服务中心就能办到市区大医院预约挂号、双向转诊、代购药品等
"互联网＋"政务	北京市昌平区	出台了《关于加强网络问政网络行政工作》的实施意见，形成了一套收集整理、上报通报、调查办理、督办落实、反馈回复"一条龙"式的网络服务。居民只要有想法、有意见，就可以直接登录"北京昌平"政府微博微信直抒胸臆。

资料来源：工业和信息化部电子科学技术情报研究所整理。

六 "互联网＋"促进商业模式升级，BAT全方位布局

以BAT为代表的大企业，从各自优势出发，通过各种形式的投资与合作，以资本、技术、用户等为纽带，向出行、餐饮、本地生活、旅游、教育、医疗等各个领域全方位布局。2015年，阿里巴巴关注线

下布局，涵盖跨境电商、硬件、本地生活、金融、企业服务等领域，在横向拓宽的同时，延伸纵向产业链；百度将战略方向定位为"连接人与服务"，重点布局人工智能、地图、医疗、教育、餐饮外卖等领域；腾讯依托微信和 QQ 两大社交产品，逐步拓宽到金融、游戏、汽车、文娱与教育领域，通过支付完成交易闭环。此外，BAT 等还通过各种形式的投资与合作建立起多种平台，集聚创新创业资源，连接产业链的上下游企业，为中小企业转型升级提供服务（见图 15 - 2、表 15 - 4）。

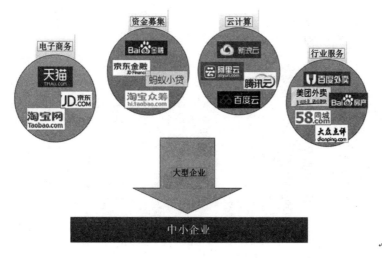

图 15 - 2 大企业为中小企业提供的服务平台

资料来源：工业和信息化部电子科学技术情报研究所整理。

表 15－4　BAT 商业帝国布局

领域	企业	百度	阿里巴巴	腾讯
本地生活	自营	百度外卖、百度地图、度秘	口碑外卖、淘点点、喵街	微信公众号、服务号、微信支付
本地生活	投资	糯米网、美味不用等、e袋洗、齐家网、百姓网、客如云等	银泰、苏宁、美团、丁丁优惠、饿了么、点我吧、树熊WIFI、58到家、墨迹天气等	华南城、新美、京东、58同城、饿了么、e袋洗、e家洁、口袋购物、人人快递、迈外迪等
文娱	自营	百度视频、百度小说、百度音乐	阿里彩业、阿里音乐、阿里文学、阿里体育	腾讯影视、腾讯动漫、腾讯音乐、腾讯体育
文娱	投资	爱奇艺、纵横中文网、YOKA时尚网、星美控股、乐彩网等	华谊兄弟、优酷土豆、光线传媒、博纳影业、芭乐、虾米网等	华谊兄弟、耀客传媒、柠萌影业、爱拍原创、新丽传媒等
游戏	自营	百度爱玩、多酷游戏中心	阿里游戏	腾讯游戏、微信游戏
游戏	投资	蓝港在线、0707游戏网	UC9游戏、KTplay、盟游网络等	乐逗游戏、成都乐享、斗鱼TV、互爱科技等
汽车交通	自营	Carlife 车联网解决方案	汽车生活 APP	路宝盒子、车联APP
汽车交通	投资	Uber、51用车、天天用车等	高德、接我云班车、车来了	滴滴出行、四维图新、易车、优信拍、人人车等
医疗健康	自营	百度医生、药直达	阿里健康、医蝶谷、药品管家	微信全流程就诊平台、"糖大夫"血糖仪
医疗健康	投资	趣医院、健康之路	中信21世纪	丁香园、挂号网、健康元、晶泰科技等

续表

领域	企业	百度	阿里巴巴	腾讯
金融	自营	百度钱包、百度理财、百付宝	蚂蚁金服、网商银行	微信支付、财付通、理财通、人人贷、好买财富、微众银行等
金融	投资	百信银行、百度保险、宜人贷	邮储、德邦证券、国泰产险、趣分期、数米基金、天弘基金、众安保险等	邮储、众安在线、人人贷、好买财富、刷、富途证券
电子商务	自营	百度 Mall、百度微购	天猫、淘宝、阿里妈妈、一淘、阿里巴巴 B2B、菜鸟网络、天猫国际、淘宝全球购等	京东、买卖宝、汇通天下、人人快递、物流 QQ
电子商务	投资	蜜芽宝贝、我买网、波罗蜜全球购、万达电商、飞凡网、知我药妆	—	日优鲜、好乐买、美丽说、美家帮
房产	自营	百度二手房、百度乐居	极有家、天猫家装馆	房产频道、区域频道、楼盘微管家
房产	投资	安居客	中长石基	乐居、58 同城、美家帮
硬件	自营	百度未来商店、小度 3 件套、Dulight、百度酷耳、Dubike	阿里智能、天猫魔盒	微信硬件服务接口、路宝盒子、小小 Q、全民 WIFI、糖大夫血糖仪
硬件	投资	上海汉枫、原点手机	魅族、微鲸科技	微鲸科技、科麦航睿空间
教育	自营	百度教育、百度知道、作业帮、百度百科等	淘宝教育、淘宝大学、湖畔大学	腾讯精品课、腾讯课堂、小小 Q
教育	投资	沪江网、传课网、万学教育等	365 翻译、VIPABC	微学明日、疯狂老师、跨考教育、易题库

第十六章　大数据落地多领域
实现较好应用

目前，我国数据资源存量约占全球的13%，IDC预测到2020年我国数据量将达到8ZB，占全球的23%。2015年，党的十八届五中全会提出要实施"国家大数据战略"，第一次将大数据写入党的全会决议，逐渐拉开我国大数据建设的新篇章。

一　中央和地方政府高度重视大数据产业

2015年9月，国务院发布《促进大数据发展行动纲要》，要求三位一体建设数据强国，提出一个目标、三大内容、十项工程、七条措施。随后党的十八届五中全会将大数据战略正式上升为国家战略（见表16－1）。

表16－1　2015年国家层面大数据布局情况

部门	时间	事项
国务院常务会议	1月14日	部署加快发展服务贸易，以结构优化拓展发展空间，提出要创新模式，利用大数据、物联网等新技术打造服务贸易新型网络平台
国务院常务会议	2月6日	确定运用互联网和大数据技术，加快建设投资项目在线审批监管平台，横向联通发展改革、城乡规划、国土资源、环境保护等部门，纵向贯通各级政府，推进网上受理、办理、监管"一条龙"服务，做到全透明，可核查，让信息多跑路，群众少跑腿

部门	时间	事项
国家发改委	3 月	经国家发改委批准、委托国家信息中心牵头组建国家发改委互联网大数据分析中心，专门承担面向国务院、国家发改委、各级发改部门和相关政府部门的互联网大数据分析与决策支持，并负责国家发改委互联网大数据分析云中心的建设工作。目前大数据中心办公室设在国家信息中心信息化研究部，下设数据采集组、数据实验组、专题分析组、系统开发组等业务部门
国务院	5 月 19 日	印发《中国制造 2025》，要求实施工业云及工业大数据创新应用试点，建设一批高质量的工业云服务和工业大数据平台，推动软件与服务、设计与制造资源、关键技术与标准的开放共享
国务院办公厅	7 月 1 日	印发《关于运用大数据加强对市场主体服务和监管的若干意见》，文中强调要提高对市场主体服务水平；加强和改进市场监管；推进政府和社会信息资源开放共享；提高政府运用大数据的能力；积极培育和发展社会化征信服务
国务院	7 月 4 日	印发《国务院关于积极推进"互联网＋"行动的指导意见》，鼓励在若干重点行业融合创新发展需求，完善大数据平台等新型应用基础设施，探索大数据的创新应用
国务院	9 月 5 日	印发《促进大数据发展行动纲要》，系统部署大数据发展工作，要求加强顶层设计和统筹协调，大力推动政府信息系统和公共数据互联开放共享，加快政府信息平台整合，消除信息孤岛，推进数据资源向社会开放，增强政府公信力，引导社会发展，服务公众企业
党的十八届五中全会	10 月 26～29 日	会议研究了关于制定国民经济和社会发展第十三个五年规划的建议，大数据第一次写入党的全会决议，开启我国大数据建设的新篇章

资料来源：工业和信息化部电子科学技术情报研究所整理。

　　国家发展和改革委员会、工业和信息化部、中央网信办等国家部委和机构，为贯彻落实党中央、国务院关于推进大数据战略的工作部署，开始尝试在贵州等区域推行国家大数据综合试验区、大数据集聚区等试点工作，将在数据资源管理与共享开放、数据中心整合、数据资源应用等方面开展系统性试验。

各地方政府在大数据领域也开展了积极探索。截至 2015 年年底，上海、贵州、重庆、天津等 23 个省区市出台了 74 个与大数据相关的政策和规划，已建大数据产业园区超过 10 个，呈现出中央高度重视、地方积极部署的良好局面。贵阳于 2015 年 11 月形成《贵州省大数据发展应用条例（草案）》，并最终于 2016 年 1 月通过《贵州省大数据发展应用促进条例》。自 2014 年 2 月广东省政府明确提出成立广东省大数据管理局之后，全国各地政府纷纷响应（见表 16 - 2）。2015 年，广州市大数据管理局、沈阳市大数据管理局、成都市大数据管理局以及黄石市大数据管理局应运而生，与此同时，贵州省政府、上海市政府也提出了建立大数据局的构想。

表 16 - 2　各地大数据管理局设立情况

成立时间	名称	职能	隶属关系
2014 年 2 月	广东省大数据管理局	其主要职责包括研究拟定并组织实施大数据战略、规划和政策措施，引导和推动大数据研究和应用工作等 10 项内容	属于广东省经济和信息化委员会
2015 年 5 月	广州市大数据管理局	其主要职责包括研究拟定并组织实施大数据战略、规划和政策措施，引导和推动大数据研究和应用工作等 9 项内容	属于广州市工信委直属行政单位
2015 年 6 月	沈阳市大数据管理局	其主要职责包括负责组织制定智慧沈阳的总体规划和实施方案等 6 项内容	单独成立，正局级
2015 年 9 月	成都市大数据管理局	其主要职责包括负责拟定全市大数据战略、规划和政策措施并组织实施等 5 项内容	属于成都市经信委下设立机构
2015 年 11 月	黄石市大数据管理局	未公开	未公开

资料来源：工业和信息化部电子科学技术情报研究所。

除大数据管理局之外，全国各地在大数据交易领域也有所进展，以政企合作模式为代表的大数据交易机构雨后春笋般涌现。2015年4月，贵阳大数据交易所挂牌，此后，江苏省盐城市和徐州市、湖北省武汉市、黑龙江省哈尔滨市、北京市、重庆市等地纷纷将数据交易市场的筹建列入政府规划。

二 我国大数据产业体系初步形成，但距离生态圈建设仍有较大差距

我国大数据产业可分为数据资源、产品技术和应用服务三大部分（见图16-1），其中国内在产品技术领域初步形成了"两纵三横"的体系框架，已涵盖以Hadoop、Hbase等为代表的底层技术，以个性化方案等"二次开发"为代表的应用层技术，以及以基础设施、分析系统和应用工具为代表的数据流程服务等。

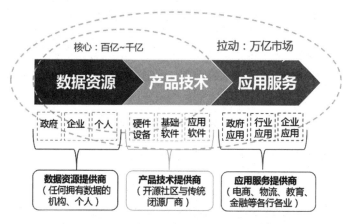

图16-1 我国大数据产业构成情况

资料来源：工业和信息化部电子科学技术情报研究所整理。

数据资源和产品技术两大板块处于我国大数据产业的核心位置，未来将达到千亿规模。数据资源提供商主要包括可以产生数据或拥有数据的各级政府、企业和个人。国内产品技术提供商主要包括华为、浪潮、联想等硬件设备提供商，拓尔思、亚信科技、科大讯飞等大数据基础平台提供商和西安美林数据、用友集团、金蝶集团等应用软件提供商。目前虽然我国数据资源和产品技术总体规模不大，但是可以拉动大数据在政府应用、行业应用和企业应用的万亿市场（见图16－2）。

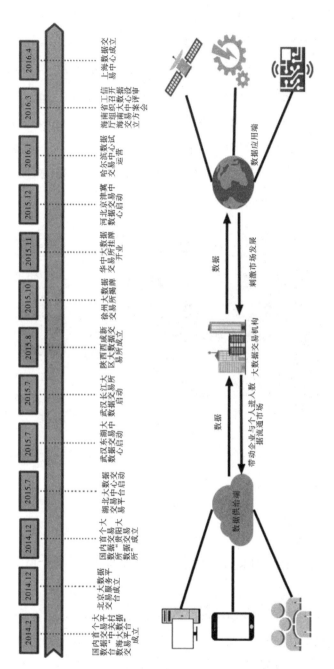

图 16-2 我国大数据交易机构一览图

资料来源：工业和信息化部电子科学技术情报研究所整理。

整体而言，我国大数据产业体系已初步形成，但在大数据生态圈的建设方面仍有较大差距。目前，美国、英国、澳大利亚等发达国家已经走在大数据布局的前列，美国不仅占据全球技术制高点，而且作为全球理论原创地和产业先锋队，对全球大数据产业的发展方向有较深影响（见图16－3）。与美国等地区为代表的国外大数据产业生态圈相比，国内目前还处于基本自给自足的"农业时代"，数据交易交换模式较为单一，数据孤岛现象依然严重，整个生态圈的建设与培养仍有较大进步空间。

图16－3　全球大数据阵营情况

资料来源：中国信息通信研究院。

三　大数据领域投融资活跃，尤其集中于应用环节

统计显示，2015年我国融资的大数据创业公司共计51家（有两家公司融资两次），总融资金额超过50亿元，融资上亿的大数据公司共计19家，占比约36%，A轮以上融资均达到千万元及以上级别；下半年进入资本寒冬以后，大数据企业融资步伐不仅没有减慢，反而逆势而上，资本对大数据企业青睐有加（见图16－4）。

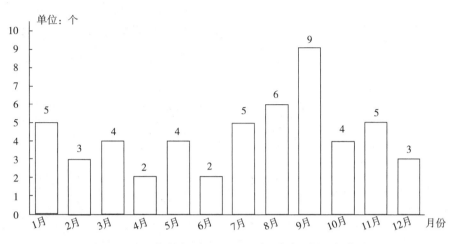

图 16 - 4　大数据企业 2015 年融资时间分布图

资料来源：数据客整理。

按照我国大数据产业分为数据资源、产品技术和应用服务的分类标准，可以看到国内吸引到投融资的大数据企业 55% 集中于具体应用环节（见图 16 - 5）。从融资的角度而言，国内大数据创业企业发展尚不均衡，目前在数据资源、产品技术方面还比较缺乏。

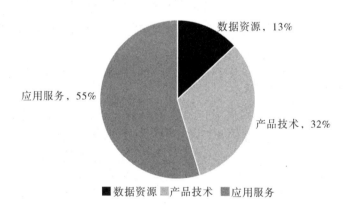

图 16 - 5　大数据企业 2015 年融资类型分布图

资料来源：数据客整理。

从国外情况来看，美国早在2013年大数据领域的创业公司就获得36亿美元的投资，2015年仅硅谷大数据公司视眼石（Palantir）的估值便高达202亿美元。对比来看，我国大数据领域的投资潜力巨大。

四　大数据概念炒作进入尾声，大数据技术在多领域推进应用

高德纳新兴技术周期曲线显示，2014年大数据处于下滑阶段，而到2015年，大数据已经不属于新兴技术，大数据相关技术已经走入行业实践应用之中。在推动政务数据开放应用、提升政府治理方面，大数据正在发挥重要作用。

目前各个地方已经根据实际情况展开大数据云平台工作，贵州"7＋N"朵云、河南"中原云"平台、云南"云上云"平台等工作正在有条不紊地推进。在惠民工作方面，大数据正在助推医疗社保、网上办事、基础教育、交通运输等民生行业更加便捷化、高效化。2015年8月，贵州交警与"芝麻信用"联合开发了"重点驾驶人从业综合评分系统"，该评分系统将驾驶人群分为普通客运驾驶人、危险品运输车辆驾驶人、专业级货运车辆驾驶人和其他重点车辆驾驶人等四大种类，根据每一种驾驶人的具体特征从违法记录、事故记录、从业情况、不良行为、保险赔付记录等多维度采集指标，进一步将每类驾驶人细分为三个层次，从而建立"四类三层次"重点驾驶人信用模式。目前该评价模式已经可以为评估重点车辆驾驶人履职能力提供重要参考依据（见图16－6）。

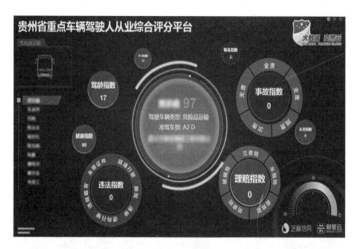

图 16 − 6　贵州省重点车辆驾驶人从业综合评分平台

资料来源：阿里云。

在个人消费方面，目前大型互联网公司的主要应用领域仍然集中于电子商务、互联网金融等热点领域。随着百度大脑、阿里巴巴"从IT到DT"、腾讯"大数据连接的未来"、京东大脑等战略的提出，大型互联网公司在大数据领域的投入不断加大，大数据在个人消费行业的应用模式已经逐渐趋于成熟。

在智能制造、特殊物流、特殊行业电商、农业等细分领域，大数据应用也正在如火如荼地展开。例如，在智能制造领域，作为中国工程机械龙头企业，三一重工在数十万台工程机械上加装了传感器。经过七年多的积累，截至2015年，三一重工已形成5000多个维度、每天2亿条、超过40TB的大数据资源，形成独特的"挖掘机指数"（见图16 − 7）。通过大数据分析，三一重工不仅可以实时监测设备作业、关键零件磨损、油耗和承压等情况，做到问题预警、主动维修、成本精准控制，并大幅提高用户服务质量，而且通过大数据分析形成的"挖掘机指数"也揭示这我国经济运行的"凉热"。

图16－7　三一重工大数据平台设备类型

资料来源：三一重工。

五　我国大数据产业发展仍面临诸多制约

首先，我国在数据开放、信息安全、数据交易、隐私保护等方面的法律法规体系有待建立健全。目前国内尚缺乏对数据采集、传输、存储、利用、开放等环节的规范管理制度，法律法规并未明确界定个人信息采集应用的范围和方式。

其次，数据流通共享依然有待完善。我国政府及公共机构数据封闭，流通不畅，企业之间数据权属模糊，流动无序。大量有价值的数据仍未完全开放共享，已开放共享的少量数据存在时效性低、机器可读性差、权益不清等问题，数据流动共享仍需要政府加强引导。

最后，我国在大数据核心技术领域仍有较大进步空间。大数据产业涉及数据采集、清洗、存储、挖掘等一系列过程，我国在关键技术的创新方面还与世界一流水平有一定差距，尤其在以区块链技术、非易失性存储等为代表的新兴技术领域，我国科研创新能力还有待提升。

第十七章　2015 年十大热点事件

2015 年中国 IT 产业综合实力持续提升。一方面以多项政策措施为契机，加强与经济社会各领域的深入融合，增强技术创新能力；另一方面，产业竞争更加激烈，引发垂直领域互联网企业大批合并。此外，"网络空间安全""网络空间命运共同体"在 2015 年得到持续关注。由此，本报告对 IT 产业、企业、产品、技术进行综合评估和比较，选出 2016 年 IT 领域影响重大的十大热点事件（见表 17 – 1）。

表 17 – 1　2015 年中国 IT 产业十大热点事件

编号	事件	入选理由
1	第二届世界互联网大会召开	第二届世界互联网大会再次在浙江乌镇召开，国家主席习近平出席开幕式并发表主旨演讲，强调维护网络安全是国际社会的共同责任，呼吁各国加强合作构建网络空间命运共同体
2	"互联网＋"行动的指导意见出台	《国务院关于积极推进"互联网＋"行动的指导意见》的出台显示出我国加快互联网创新成果与经济社会各领域深度融合的决心，对提升实体经济创新力和生产力、推动我国经济提质升级具有重要意义
3	网络强国和大数据战略列入"十三五"规划建议	网络强国和国家大数据列入"十三五"规划建议，体现出我国以技术创新助推强国战略的发展思路，并将对经济运行机制、社会生活方式的改革和国家治理能力的提升都具有很大的推动作用

续表

编号	事件	入选理由
4	互联网金融顶层设计出台	《关于促进互联网金融健康发展的指导意见》提出一系列政策措施促进互联网金融健康发展，鼓励互联网金融平台、产品和服务创新，对互联网金融主要业态进行分类监管，坚持以市场为导向规范市场秩序
5	"互联网＋出租车"改革发布两项征求意见稿	交通运输部发布《关于深化改革进一步推进出租汽车行业健康发展的指导意见（征求意见稿）》和《网络预约出租汽车经营服务管理暂行办法（征求意见稿）》，积极推进出租车和网约车新政，鼓励出租汽车新业态创新规范发展，促进行业稳定健康发展
6	滴滴打车与快的打车完成最大规模非上市公司合并	随着滴滴与快的年初宣布合并，我国互联网巨头企业受资本驱动迎来合并潮，改变垂直行业市场格局
7	国务院印发《中国制造2025》	国家部署全面推进实施制造强国战略。《中国制造2025》作为制造强国战略第一个十年行动纲领明确了9项战略任务和重点，提出到2025年迈入制造强国行列
8	网络空间安全上升为一级学科	网络空间安全获批为工学的一级学科，继计算机科学技术、软件工程后成为计算机类第三个一级学科，对培养专业性人才具有重要意义
9	我国4G用户数突破3亿大关	2015年，我国4G用户量爆发式增长，突破3亿大关，开始布局5G通信技术，为移动互联网、物联网等基于高速移动通信技术的新业态发展奠定基础
10	百度发布无人驾驶汽车	传统汽车厂商、互联网企业纷纷把研发智能汽车提上日程，百度无人车2015年年底完成路测。智能汽车成为制造业与IT产业融合领域最热的关键词

资料来源：工业和信息化部电子科学技术情报研究所。

一 第二届世界互联网大会召开，
加快构建网络安全命运共同体

2015 年 12 月 16～18 日，第二届世界互联网大会在乌镇召开。来自欧美、亚太、拉美等 120 个国家和地区、20 个国际组织，包括国家领导人和巨头企业负责人在内的 2000 多位嘉宾参与大会。国家主席习近平出席大会并发表讲话，强调维护网络安全是国际社会的共同责任，呼吁各国加强合作，构建网络空间命运共同体，并提出建设网络安全共同体的五点主张：加快全球网络基础设施建设，打造网上文化交流平台，促进网络经济创新，保障网络安全和构建互联网治理体系，建设互联互通、交流互鉴、有序发展、共同繁荣的国际互联网环境。习近平指出，各国应尊重其他国家的网络主权，"不搞网络霸权，不干涉他国内政，不从事、纵容或支持危害他国国家安全的网络活动"。

二 "互联网＋"行动指导意见出台，
打造经济发展新动能

为加快互联网创新成果与经济社会各领域的深度融合，推动互联网由消费领域向生产领域拓展，制造新的经济增长点，国务院于 2015年 7 月 4 日印发《关于积极推进"互联网＋"行动的指导意见》，围绕创业创新、协同制造、现代农业、智慧能源、普惠金融、益民服务、高效物流、电子商务、便携交通、绿色生态、人工智能共 11 个重点领域提出具体行动指导，并通过夯实发展基础、强化创新驱动、营造宽松环境、拓展海外合作、加强智力建设、加强引导支持、做好组织实施共 7 项保障措施推动互联网加速提升产业发展水平，保证到 2018 年形成网络经济与实体经济协同互动发展格局，到 2025 年完善"互联网＋"产业生态体系，驱动经济社会创新发展。意见的出台显示出我国加快互联网创新成果与经济社会各领域深度融合的决心，对提升实体经济创新力和生产力，推动我国经济提质升级具有重要意义。

三 "十三五"规划加速网络强国战略和大数据战略实施

2015 年 10 月 26 日，中共十八届五中全会审议通过《中共中央关于制定国民经济和社会发展第十三个五年规划的建议》，提出"实施网络强国战略，加快构建高速、移动、安全、泛在的新一代信息基础设施"和"实施国家大数据战略，推进数据资源开放共享"，确立网络强国和大数据在"十三五"规划（2016～2020 年）期间的战略地位，加速从网络大国向网络强国迈进。一方面，规划建议提出实施网络强国战略的首要任务是创新网络技术，包括掌握自主创新的网络技术核心，建立配套完善的技术发展战略；净化网络环境，包括健全社会舆情引导机制，发展积极向上的网络文化；完善信息基础设施建设，即建设高速畅通、覆盖城乡、质优价廉、服务便捷的宽带网络基础设施和服务体系；建立网络安全治理体系，即协调网络安全与信息化发展；开展双边、多边的互联网国际交流合作，包括积极参与网络国际规则制定。另一方面，数据作为一种生产资料、重要资产为国家发展带来机遇和挑战，未来大数据产业将引领生活新变化、孕育发展新思路、开辟国际治理新路径、重塑世界新格局。"十三五"规划建议确立国家大数据战略，表明大数据作为新兴产业得到国家层面的大力支持。作为经济社会发展新的驱动力，大数据将重点应用于公共服务、政府决策和商业智能。

四　互联网金融发展指导意见出台，
构建互联网金融监管体系

2015 年 7 月 18 日，中国人民银行等十部委发布《关于促进互联网金融健康发展的指导意见》（以下简称《指导意见》），支持互联网金融稳步健康发展。《指导意见》按照"鼓励创新、防范风险、趋利避害、健康发展"的总体要求和"依法监管、适度监管、分类监管、协同监管、创新监管"的原则，提出一系列鼓励创新、支持合作、落实责任的政策措施。《指导意见》明确，联网金融的主体既可以是金融机构也可以是互联网企业，对传统金融机构的互联网化和互联网企业的金融化皆给予鼓励和规范。同时分别针对互联网支付、网络借贷、股权众筹融资、互联网基金销售、互联网保险、互联网信托和互联网消费金融各业务界定准入条件、明确风险底线、落实监管职责。此外，为体现协同监管、创新监管的原则，《指导意见》既加强客户资金存管等金融监管制度，坚决打击违法和违规行为，又推出简政放权等优惠政策，强调以市场为导向，提倡制定适度宽松的监管政策，鼓励互联网金融业创新发展。

五　网络约车新规征求意见稿出台，
引导网络约车健康发展

2015 年 10 月 10 日，交通运输部发布《关于深化改革进一步推进出租汽车行业健康发展的指导意见（征求意见稿）》和《网络预约出租汽车经营服务管理暂行办法（征求意见稿）》，自发布日起到 2015 年 11 月 9 日，向社会公开征求改革意见，引起社会公众对网络约车话题的广泛关注。近年来，各类打车平台显著提高了出行者的乘车体验，既降低乘客的时间成本，又减少出租车司机的空驶率，创新推出的顺风车等新服务也降低了私家车司机的驾驶成本，因而在各大城市迅猛发展。然而对新业态缺乏体质化管理使资源的数量和使用期限得不到控制，收益的合法性无法得到保证。这两份征求意见稿将新业态纳入出租汽车管理体系，对出租车和网约车的经营权配置和管理制度进行规定，对出租车多样化服务体系进行分类管理，体现出出租汽车行业深化改革要在贯彻"互联网＋"行动计划、提倡"共享经济"的同时，统筹兼顾，循序渐进，防止不公平竞争。

六 滴滴快的合并掀起中国互联网巨头资本整合热潮

2015 年 2 月 14 日，打车平台滴滴与快的以 100% 换股方式宣布合并，并实施联合 CEO 制度，双方人员架构保持不变，并保留各自品牌与业务独立性。自此，滴滴与快的结束了两年来的大规模补贴竞争。战略合并使滴滴与快的结束了不可持续的恶性竞争，并携手成为移动出行领域的领先者，融合经济价值与社会价值，为整个行业发展发挥积极作用。合并后的滴滴快的为提升出行效率、降低污染、促进行业就业，对运营方式进行了调整，根据出行者的服务要求和出行时段进行合理化匹配，并将涵盖出租车、专车、顺风车、代驾以及城市公交等多种出行工具，致力于成为"全球最大的一站式出行平台"。

滴滴快的合并掀起中国互联网巨头资本整合热潮。继滴滴快的年初完成最大规模非上市公司合并案后，国内垂直领域互联网企业为达到规模效应、降低竞争成本、抵御资本寒流掀起合并热潮。2015 年 4 月 17 日，大型分类信息生活服务平台 58 同城以现金加股票的方式获得同类企业赶集网 43.2% 的股权；携程分别在 5 月 22 日和 10 月 26 日合并同业的艺龙和去哪儿网；10 月 8 日，团购网站美团与大众点评完成换股合并；12 月 7 日，两大在线婚恋交友平台世纪佳缘与百合网达成合并协议。

七　《中国制造 2025》发布，
IT 助力制造大国迈向制造强国

2015 年 5 月 19 日，国务院印发《中国制造 2025》，部署制造强国战略的第一个十年行动纲领，加快推进制造业转型升级、提质增效。文件就 IT 助力我国从制造业大国向制造业强国迈进提出了具体要求。文件提出，加快推动新一代信息技术与制造技术融合发展，把智能制造作为两化深度融合的主攻方向；着力发展智能装备和智能产品，推进生产过程智能化，培育新型生产方式，全面提升企业研发、生产、管理和服务的智能化水平。具体来看，文件提出，促进工业互联网、云计算、大数据在企业研发设计、生产制造、经营管理、销售服务等全流程和全产业链的综合集成应用。制定互联网与制造业融合发展的路线图，明确发展方向、目标和路径。发展基于互联网的个性化定制、众包设计、云制造等新型制造模式，推动形成基于消费需求动态感知的研发、制造和产业组织方式。实施工业云及工业大数据创新应用试点，建设一批高质量的工业云服务和工业大数据平台，推动软件与服务、设计与制造资源、关键技术与标准的开放共享。

八　网络空间安全上升为一级学科，
加速网络空间安全人才储备

2015 年 6 月 11 日，为实施网络强国和国家安全战略，加快网络空间安全高层次人才培养，推动和普及网络安全全民教育水平，国务院学位委员会根据《学位授予和人才培养学科目录设置与管理办法》的规定和程序，经过评议后联合教育部批准"网络空间安全"上升为一级学科，学科代码为"0839"，授予工学学位。网络空间安全研究网络空间中的安全威胁和防护问题，既包括研究在对抗环境下面临的威胁和对应的防御措施，也包括网络协议、信息交换方式及网络操作系统等网络空间本身的威胁和防护机制。此前，网络安全研究依附于"密码学""信息安全"等二级学科。受学科级别限制，缺少畅通的资金渠道，申请国家科技专项支持受限，严重制约网络空间安全的人才引进和规模化发展。继网络空间安全获批成为一级学科后，根据2015年10月30日的博士学位授权点申报工作，国务院学位委员会在2016年1月28日同意包括清华大学、北京航空航天大学、上海交通大学、浙江大学等29所高校成为国家首批网络空间安全一级学科博士学位授权点，加强培养相关战略、技术、工程、管理和维护人才，致力于形成创新人才培养体系，使我国网络空间安全核心技术做到真正的自主创新和自主可控。

九　我国4G用户数突破3亿大关，已开始布局5G技术

4G通信可以实现100Mbps的下载速度和50Mbps的上传速度，能够快速传输音频、视频和图像等数据，是当前全球最先进的移动通信技术。2015年，我国继续加速推进4G网络建设，已经建成全球最大的4G网络，4G网络用户数量全球第一。我国自2013年开始布局4G业务，并首次发放"LTE/第四代数字蜂窝移动通信业务（TDD－LTE）"经营许可，三大运营商同步获得4G牌照。到2015年年底，4G移动通信基站总量超过180万个，用户总数达到3.86亿，占移动电话总用户的50.8%，74.1%的4G使用者为2015年新增用户，全国互联网平均接入速率较2014年增长1.7倍。此外，我国通信技术为支持物联网与智能终端快速发展，已开始布局和准备以更高速率为最大特点的5G技术，并积极参与国际标准制订和开展5G技术试验和商用牌照发放前期研究。预计，2020年我国将实现5G商用。

十 百度发布无人驾驶汽车，智能汽车迎来发展热潮

2015年12月10日，百度研发的无人驾驶车从中关村软件园的百度大厦出发抵达奥林匹克森林公园后原路返回，实现国内首次城市、环路及高速道路混合路况下的全自动驾驶。2015年12月16~18日，百度无人驾驶车亮相第二届世界互联网大会，引起公众对智能汽车科技成果的广泛关注与热议。智能汽车与无人驾驶汽车搭载了先进的车载传感器、控制器、执行器等装置，并融合现代通信与网络技术，实现车与人、车与车、车与路、车与后台等智能信息交换共享，具备复杂的环境感知、智能决策、协同控制和执行等功能，可实现安全、舒适、节能、高效行驶，并最终可替代人来操作的新一代汽车。随着车联网时代的到来，智能汽车凭借传感器与智能化设备，融合智能终端、通信网络与信息平台核心技术，实现车内感知、车外感知、人车互联、车身互联和人路互联的全面感知互联。

总体而言，作为智能汽车研发主体的汽车生产商与互联网企业大致将智能汽车导向两个不同的发展方向。沃尔沃、奔驰、奥迪等汽车厂商倾向于在自动驾驶领域进行研发，致力于提供更高的驾驶和乘车体验，保驾零伤亡。作为代表的沃尔沃公司于2015年3月在北京实际公共道路上进行高度自动驾驶的测试，展示了世界级自动驾驶技术。而谷歌、百度等互联网企业则在无人驾驶领域不断探索，聚焦于取代驾驶者，带动智能汽车在减少交通事故、改善拥堵、节能减排等方面加强实际应用。但无论哪种发展方向都预示着汽车电子占汽车成本的比例将会越来越大，道路建设和全新的法律法规亟待完善。

附　录

附录 1：IT 产业发展评价模型

一、评价指标的选取

在评价指标的选取过程中需要坚持的原则包括：目的明确、比较全面、切实可行。指标分为定量指标和定性指标。定量指标筛选方法包括条件广义方差极小法、极大不相关法和选取典型指标法等。定性指标的处理方法通常是将其量化为定量指标。本报告使用专家调查法和条件广义方差极小法选取了以下 21 项评价指标（见附表 1）。

附表1　中国 IT 产业评价指标体系

一级指标	二级指标	数据来源
产业表现	市场规模	The Yearbook of World Electronics Data
	出口额	OECD
	增加值占比	OECD、统计年报
	ICT 劳动生产率	麦肯锡
产业创新	IT 重点企业数量	福布斯 2000 强企业
	技能指数	世界信息技术报告
	PCT 专利申请量	世界知识产权组织、康奈尔大学
	知识产权使用接收费用与支付费用比	世界银行
	研发投入占比	OEDC
	创新指数	世界经济论坛
产业环境	GDP	世界银行
	政策法规	德尔菲法
	投资并购活跃度	安永
	软件支出	世界知识产权组织、康奈尔大学
产业辐射	ICTs 与商业模式创新	世界知识产权组织、康奈尔大学
	iGDP（互联网经济）	麦肯锡
	IDI 指数	ITU
	互联网用户规模	ITU
	网络使用率	世界信息技术报告
	信息技术社会和经济影响力	世界信息技术报告
	电子商务占社会零售总额比重	麦肯锡

资料来源：工业和信息化部电子科学技术情报研究所。

二、评价指标权重的确定

报告采纳世界经济论坛的竞争力评价方法，将IT产业发展划分为要素驱动、效率驱动和创新驱动三个发展阶段，并根据所处的不同阶段对各个指标赋予相应的权重，见附表2。

附表2　IT产业发展评价指标权重与发展阶段

	阶段1：要素驱动	从阶段1向阶段2过渡	阶段2：效率驱动	阶段2向阶段3过渡	阶段3：创新驱动
增加值占比	<1%	1%～3%	3%～5%	5%～7%	>7%
产业表现	50%	35%～50%	35%	20%～35%	20%
产业创新	15%	15%～20%	20%	20%～25%	25%
产业环境	10%	10%～15%	15%	15%～20%	20%
产业辐射	25%	25%～30%	30%	30%～35%	35%

资料来源：工业和信息化部电子科学技术情报研究所。

三、数据预处理

对于已选定的综合指标评价体系，由于各个指标的计量单位不同，有的数量可能还相差较大，不能直接加总计算。所以在数据采集后，应该对原始数据进行"数据趋同化"处理和"无量纲化"处理。

（1）数据同趋化的处理：主要解决不同性质数据问题。对不同性质指标直接加总不能正确反映不同作用力的综合结果，须先考虑改变数据性质，使所有指标对测评方案的作用力趋同化，再加总才能得出正确结果。

（2）数据无量纲化的处理：主要解决数据的可比性。一般通常有正态标准化法、功率系数法、极值标准化法、指数化法等常用方法，经过处理，去除计量单位的影响。

正态标准化法：记 X_{ij} 为第 i 个示范城市在第 j 个指标上的数据值，该 $\overline{X_i}$ 为第 j 项指标的平均值，则变换后的指标为：

$$X_{ij} = \frac{X_{ij} - \overline{X_i}}{S_j}$$

这里 $i = 1, 2, \cdots, 8$；$j = 1, 2, \cdots, 21$；S_j 为评价指标 X_i 的样本均方差。经如此处理后，服从均值为0，方差为1的正态分布。

功效系数法（极值标准化法）：该方法是根据多目标规划原理，对每一项评价指标确定一个满意值和不允许值，以满意值 X_{ia} 为上限，以不允许值 X_{ib} 为下限，计算各指标实现满意值的程度。其变换公式为：

$$X_{ij} = \frac{X_{ij} - X_{ib}}{X_{ia} - X_{ib}}$$

如果 X_{ia} 取最大值 X_{imax}，X_{ib} 取最小值 X_{imin}，则变换公式为：

$$X_{ij} = \frac{X_{ij} - X_{imin}}{X_{imax} - X_{imin}}$$

此为极值标准化法，经过这种处理，变换后的指标值就会在（0，1）区间了。

指数化法：即以第 N 年的指标数据作为基期 X_{i0}，第（$N+1$）年指标数据作为报告期 X_{ij}，用公式：$X_{ij} = \dfrac{X_{ij}}{X_{io}}$ 进行标准化处理。

这种方法消除了指标的计量单位，但由于基期和观测期数值不定，该比值会在1左右甚至更大的范围内浮动。

四、评价打分

本报告中，第 i 个国家的IT产业综合能力得分 $= \sum_{j=1}^{21} \alpha_j x_{ij}$，其中 α_j 为第 j 项指标的权重，$j = 1, 2, \cdots, 21$。为第 i 个国家，第 j 项指标的值。计算结果如附表3所示。

附表3 2014年八个国家IT产业发展指数排名及得分情况

排名	国家	发展指数	产业表现	产业创新	产业环境	产业辐射
1	美国	87.8	87.4	87.5	95.0	84.2
2	日本	77.3	73.2	87.8	71.4	75.6
3	韩国	77.0	74.5	81.4	70.1	82.0
4	英国	72.0	62.5	85.6	77.5	69.8
5	德国	70.4	61.0	73.6	76.0	76.8
6	中国	65.5	73.1	65.9	69.8	56.8
7	俄罗斯	50.1	49.6	53.3	58.6	45.2
8	印度	43.3	50.1	34.8	56.0	33.3

资料来源：工业和信息化部电子科学技术情报研究所。

附录2：2015年中国IT企业IPO情况

编号	企业名称	上市日期	募集资金	上市地点	上市板
1	新龙移动	2015－01－15	0.37亿港元	港交所	主板
2	苏试试验	2015－01－22	1.80亿元	深圳	创业板
3	浩丰科技	2015－01－22	2.97亿元	深圳	创业板
4	南华仪器	2015－01－23	1.64亿元	深圳	创业板
5	火炬电子	2015－01－26	4.32亿元	上海	主板
6	木林森	2015－02－17	9.57亿元	深圳	中小企业板
7	天孚通信	2015－02－17	3.26亿元	深圳	创业板
8	共进股份	2015－02－25	8.96亿元	上海	主板
9	蓝思科技	2015－03－18	15.49亿元	深圳	创业板
10	扬科集团	2015－03－18	0.95亿港元	港交所	创业板
11	暴风科技	2015－03－24	2.14亿元	深圳	创业板
12	高伟电子	2015－03－31	3.54亿港元	港交所	主板
13	窝窝团	2015－04－08	0.40亿美元	纳斯达克	主板
14	汉邦高科	2015－04－22	3.14亿元	深圳	创业板
15	大豪科技	2015－04－22	5.70亿元	上海	主板
16	运达科技	2015－04－23	6.08亿元	深圳	创业板
17	康斯特	2015－04－24	1.85亿元	深圳	创业板
18	浩云科技	2015－04－24	3.16亿元	深圳	创业板
19	创业软件	2015－05－14	2.38亿元	深圳	创业板
20	康拓红外	2015－05－15	2.41亿元	深圳	创业板
21	全志科技	2015－05－15	5.09亿元	深圳	创业板

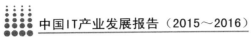

续表

编号	企业名称	上市日期	募集资金	上市地点	上市板
22	惠伦晶体	2015－05－15	2.71 亿元	深圳	创业板
23	艾华集团	2015－05－15	10.37 亿元	上海	主板
24	宝尊电商	2015－05－21	1.10 亿美元	纳斯达克	主板
25	华铭智能	2015－05－27	2.45 亿元	深圳	创业板
26	迅游科技	2015－05－27	3.38 亿元	深圳	创业板
27	四方精创	2015－05－27	4.69 亿元	深圳	创业板
28	威帝股份	2015－05－27	2.65 亿元	上海	主板
29	超智能控股	2015－05－27	0.90 亿港元	港交所	创业板
30	高伟达	2015－05－28	3.75 亿元	深圳	创业板
31	赛摩电气	2015－05－28	2.05 亿元	深圳	创业板
32	金桥信息	2015－05－28	2.09 亿元	上海	主板
33	金力集团	2015－06－05	0.76 亿港元	港交所	创业板
34	索菱股份	2015－06－11	3.45 亿元	深圳	中小企业板
35	信息发展	2015－06－11	1.69 亿元	深圳	创业板
36	胜宏科技	2015－06－11	5.77 亿元	深圳	创业板
37	先锋电子	2015－06－12	3.72 亿元	深圳	中小企业板
38	神思电子	2015－06－12	2.20 亿元	深圳	创业板
39	维太移动	2015－06－26	5.06 亿港元	港交所	主板
40	真视通	2015－06－29	2.56 亿元	深圳	中小企业板
41	光力科技	2015－07－02	1.67 亿元	深圳	创业板
42	中国育儿网络	2015－07－08	3.15 亿港元	港交所	创业板
43	安悦国际控股	2015－09－30	0.68 亿港元	港交所	创业板
44	亚势备份	2015－10－08	1.00 亿港元	港交所	创业板
45	泰邦集团	2015－10－09	0.60 亿港元	港交所	创业板
46	博敏电子	2015－12－09	3.37 亿元	上海	主板
47	润欣科技	2015－12－10	2.06 亿元	深圳	创业板
48	中科创达	2015－12－10	5.82 亿元	深圳	创业板
49	天宝集团	2015－12－11	1.38 亿港元	港交所	主板

编号	企业名称	上市日期	募集资金	上市地点	上市板
50	宜人贷	2015 - 12 - 18	0.75 亿美元	纽交所	主板
51	可立克	2015 - 12 - 22	3.23 亿元	深圳	中小企业板
52	思维列控	2015 - 12 - 24	13.42 亿元	上海	主板
53	新特能源	2015 - 12 - 30	14.83 亿港元	港交所	主板
54	久远银海	2015 - 12 - 31	2.29 亿元	深圳	中小企业板
55	盛天网络	2015 - 12 - 31	5.43 亿元	深圳	创业板

资料来源：工业和信息化部电子科学技术情报研究所整理。

后　记

《中国 IT 产业发展报告（2015～2016）》对 2015 年度中国 IT 产业总体发展情况进行了评价，并对发展特点、发展热点进行了梳理和分析，对未来发展趋势进行了展望。其简版报告在"中国（深圳）IT 领袖峰会"上发布，引起了参会嘉宾、媒体和观众的高度关注和好评。

全书的策划、编写和审定由李颖主持。刘钜波负责编委会的组织、协调工作。尹丽波担任编写组组长，邱惠君、黄鹏担任副组长。张毅夫负责全书编写过程中的日常组织和协调工作。付伟、刘巍和孙璐负责全书的统稿和校对工作。本书的作者及分工如下：

第一章：刘巍；第二章：付伟；第二章：黄鹏、李德升；第四章：龚巍巍；第五章：杜鹏飞；第六章：温源；第七章：李维娜；第八章：张金增；第九章：王帅；第十章：李德升；第十一章：张健；第十二章：张宇泽；第十三章：汪礼俊、李强；第十四章：王刚波、陈杰；第十五章：周易江、黄洁；第十六章：辛晓华；第十七章：孙璐；附录：付伟；张毅夫、付万琳等提供了素材并参与了内容的讨论。

在报告的编写过程中，邬贺铨（中国工程院院士）、沈昌祥（中国工程院院士）、倪光南（中国工程院院士）、高新民（中国互联网协会常务副理事长）、朱利宏（中国电子科技集团副总工程师）、宁振波（金航数码副总经理）、杜晓黎（联想研究院副院长）、杨景（中移动研究院首席科学家）、李广乾（国务院发展研究中心研究员）、余晓晖

（中国信息通信研究院总工程师）等众多业界专家给予了悉心指导，提出了宝贵的意见和建议。人民出版社对本报告的出版给予了大力支持，承担繁重的编辑任务的同时，还对本报告提出了许多中肯的意见，在此一并表示衷心的感谢。

《中国 IT 产业发展报告（2015～2016）》编写组

2016 年 4 月

责任编辑:刘　恋
封面设计:肖　辉　孙文君
责任校对:吕　飞

图书在版编目(CIP)数据

中国 IT 产业发展报告.2015—2016/李颖 主编. —北京:人民出版社,2016.7
ISBN 978－7－01－016455－7

Ⅰ.①中…　Ⅱ.①李…　Ⅲ.①IT 产业-经济发展-研究报告-中国-2015-2016
　Ⅳ.①F49

中国版本图书馆 CIP 数据核字(2016)第 156327 号

中国 IT 产业发展报告(2015～2016)

ZHONGGUO IT CHANYE FAZHAN BAOGAO(2015～2016)

李　颖　主编

人民出版社 出版发行
(100706　北京市东城区隆福寺街 99 号)

北京汇林印务有限公司印刷　新华书店经销

2016 年 7 月第 1 版　2016 年 7 月北京第 1 次印刷
开本:787 毫米×1092 毫米 1/16　印张:16
字数:215 千字

ISBN 978－7－01－016455－7　定价:98.00 元

邮购地址 100706　北京市东城区隆福寺街 99 号
人民东方图书销售中心　电话 (010)65250042　65289539